Frank Stolzenberg

Trauma Ostzone oder geboren in die DDR
Erstes Buch aus dem Leben des Franky Hollyday

Frank Stolzenberg

Trauma Ostzone oder geboren in die DDR

Erstes Buch aus dem Leben des Franky Hollyday

Rediroma-Verlag

Bibliografische Information der Deutschen Nationalbibliothek:
Die Deutsche Nationalbibliothek verzeichnet diese Publikation in der Deutschen Nationalbibliografie; detaillierte bibliografische Daten sind im Internet über http://portal.dnb.de abrufbar.

ISBN 978-3-98527-880-0

www.rediroma-verlag.de
12,95 Euro (D)

Vorwort

Manchmal will ich gar nicht glauben, was alles an Erlebnissen in mein Leben hineinpasst und täglich noch an Neuem hinzukommt. Für mich und meinen Begleiter Hollyday ist es auch gut, wenn wir Erlebtes erzählen, weil es raus muss aus mir und aus Franky Hollyday.

Hier steht die Geschichte von Frank Stolzenberg, der seine Geschichten über seinen fiktiven Begleiter, Franky Hollyday, als Erzähler wiedererzählt, bei der sich die beiden Personen gelegentlich so darstellen, dass nicht sofort klar ist, wer die Geschichte im Moment des Erzählens und im realen Leben eigentlich gerade erzählt oder erlebt hat.

Franky ist in der Ostzone, der damaligen DDR, groß geworden und hat ein Vierteljahrhundert an die Kommunisten des SED-Staates DDR und deren russischen „Aufpassdiktatoren“, die Besatzer, verschleudert.

Eine unbezahlbare Zeit, die einfach verloren gegangen ist.

Das Schreiben und Geschichten Erzählen dient Franky als Schutz, da einiges, was erlebt wurde, kaum aussprechbar bleibt, ohne die Fassung zu verlieren. So ist es leichter, wenn sein imaginärer Begleiter das Unaussprechliche oder das vor allem Belastende erzählt. Ein dienlicher Schutz vor der Retraumatisierung und vor Flashbacks. Hier bekommt

Trauma eine Geschichte und eine Verpackung dazu und wird dadurch für beide ertragbarer.

Zusammengefasst sind hier ein Ausschnitt von Geschichten und Gedanken, ein erstes Buch, welches Frank geschrieben hat, da die Albträume, die immer wieder bis heute auftreten, das tatsächlich erlebte Trauma aus der DDR, so therapeutisch verarbeitet werden. Es ist aber auch ein Stück Zeitgeschichte und es stellen sich weiter Ansichten im Gestern, Heute und Morgen dar, die ihre Berechtigung aus einem bewegten Leben präsentieren und dem Vergessen entgegenwirken sollen. In einer Diktatur leben und aufwachsen zu müssen, umgeben von Heuchelei und Feigheit, Lügen ertragen müssen und für die Wahrheit verprügelt zu werden, ist nichts Neues und prägt die Kreatur Mensch in all seinen Entwicklungsphasen und in jeder Zeit seiner Existenz.

Frank ist trotz allem dankbar für das Wunder Leben und für sein Leben. Frank und Franky können mit dem streitbaren Widerspruch mittlerweile gut umgehen, weil es sich immer weiterleben lässt und weil Anfang und Ende sich ständig vermischen.

Wichtig ist noch anzumerken, dass die erste Geschichte „Franky Hollyday“ alles Weitere gut erklärt und den Menschen zuvorkommt, die alles besser wissen, oder auch denen, die sich in irgendeiner Weise auf die Füße getreten fühlen.

Alle denen, die die Fahne der DDR immer noch hochhalten und sich somit für die Diktatur entscheiden, denen werde ich weiter auf die Füße treten.

Franky Hollyday
Trauma Ostzone oder geboren in die DDR

Erstes Buch aus dem Leben des Franky Hollyday

Inhalt

Franky Hollyday …

… wurde im Jahr 1958 in Altenburg, Thüringen, geboren, der berühmten Skatkartenstadt und eine Stadtsiedlung mit Mittelalterflair. 1958, was war das für ein Jahr, in das ich hinein geboren wurde ... Ich bin mir nicht sicher, was hier das Wichtigste ist, aber wie aus alten Zeitungen und heute natürlich bei Google zu finden ist, war so einiges los im Jahre meiner Geburt.

Elvis Presley diente gerade beim US-Militär in Westdeutschland. Die mächtigste von Russland installierte Spitze des sogenannten Zentralkomitees der SED war Walter Ulbricht. Dieser wurde ausgestattet mit der höchsten politischen Entscheidungsgewalt, die für die Ostzone möglich war. Ulbricht war es auch, der drei Jahre später, 1961, den Bau der Berliner Mauer befahl. 1958 stellte Russland (Sowjetunion oder UdSSR) den anderen Besatzungsmächten das Berlin-Ultimatum, die Ablehnung hatte den Mauerbau zur Folge. Ulbricht erklärte Ost-Berlin zum Hoheitsbereich der DDR, weil Chruschtschow dem Westen drohte und die Kontrollrechte über Berlin an die DDR übertragen wollte. Das war der Beginn der sogenannten „Berlin-Krise“ und, wie gesagt, es folgte der Mauerbau in Berlin und die Todesgrenze zur BRD.

Für Wasserstraßen in der DDR wurde für alle nicht-Ostzonenschiffe ab 1958 eine Gebühr verlangt. Die Ostzone (DDR) schaffte ihre Lebensmittelkarten ab. Interflug wurde gegründet. Der Lyriker, Erzähler und Dramatiker Johannes R. Becher starb, würde mich aber meine gesamte Schulzeit weiter begleiten.

Ulbrichts „Zehn Gebote“ der sozialistischen Moral und Ethik wurden in angelehnter Form an die biblischen Zehn Gebote verkündet, sie indoktrinierten die politischen Pflichten jedes Ostzonen-Bürgers.

1. Du sollst dich stets für die internationale Solidarität der Arbeiterklasse und aller Werktätigen

sowie für die unverbrüchliche Verbundenheit aller sozialistischen Länder einsetzen.

2. Du sollst dein Vaterland lieben und stets bereit sein, deine ganze Kraft und Fähigkeit für die Verteidigung der Arbeiter- und Bauern-Macht einzusetzen.
3. Du sollst helfen, die Ausbeutung des Menschen durch den Menschen zu beseitigen.
4. Du sollst gute Taten für den Sozialismus vollbringen, denn der Sozialismus führt zu einem besseren Leben für alle Werktätigen.
5. Du sollst beim Aufbau des Sozialismus im Geiste der gegenseitigen Hilfe und der kameradschaftlichen Zusammenarbeit handeln, das Kollektiv achten und seine Kritik beherzigen.
6. Du sollst das Volkseigentum schützen und mehren.
7. Du sollst stets nach Verbesserung deiner Leistung streben, sparsam sein und die sozialistische Arbeitsdisziplin festigen.
8. Du sollst deine Kinder im Geiste des Friedens und des Sozialismus zu allseitig gebildeten, charakterfesten und körperlich gestählten Menschen erziehen.
9. Du sollst sauber und anständig leben und deine Familie achten.
10. Du sollst Solidarität, mit der um nationale Befreiung kämpfenden und den ihre nationale Unabhängigkeit verteidigenden Völkern üben.

Alles aus dem Parteiprogramm der SED und später immer wieder veröffentlicht und gepredigt.

Und, ach ja, ganz wichtig, die Frauen … Vivian Fuchs marschierte 3360 km quer durch die Antarktis.

Wie gesagt, dies alles und vieles mehr geschah 1958 und hatte Auswirkung auf meine Entwicklung, auf mein Leben. Die Welt, so, wie sie 1958 zu meiner Geburt war, zeigte sich unbelehrbar so, als hätte sie nichts dazugelernt, dazulernen müssen. Mehr als 50 Millionen Kriegsopfer, Kriegstote, schienen unbeeindruckt von der damaligen Realität nicht viel bewirkt zu haben. Es gab viel Gerede darüber, aber das Handeln blieb menschenverachtend. Es blieb vor allem das Zaudern, Bekriegen, Hassen und Nötigen, es ging und geht einfach weiter so.

Und da war ich nun, in eine Familie hineingeboren, die keine gesunde oder klare Haltung zum politischen System zeigte, die immer „mit dem Strom schwammt“, um nicht aufzufallen, um nicht anzuecken. Schlimmer noch, unterdrückt, wie meine Eltern waren, hatten sie nichts Besseres zu tun, als ihre eigenen zwei Kinder gnadenlos zu unterdrücken, zu prügeln und von ihnen zu verlangen, wozu sie in ihrem eigenen Leben selbst nicht im Stande waren.

Meinen ersten Schrei durfte ich in Altenburg in einer Privatklinik machen, dies erfuhr ich nach 60

Jahren, als ich meine genaue Herkunft recherchierte. Mir wurde vom Stadtarchiv in Altenburg auch mitgeteilt, dass man es merkwürdig finde, warum eine Frau aus der Arbeiterklasse aus 80 km Entfernung ihres eigentlichen Wohnortes da entbinden durfte. Weiter erfuhr ich, es gab eine Geburtsregister-Akte und darauf stünde ein weiters Aktenzeichen mit dem Vermerk A wie Adoption. Diese Akte sei jedoch nicht mehr aufzufinden. Also suchte und rätselte ich weiter, was es zu bedeuten hatte und woher ich tatsächlich komme. Mutter schwieg im Übrigen dazu, was alles eher spannender machte. Aber die Ostzone mit ihrer Stasi und ihren unmenschlichen Machenschaften würde ihre Geheimnisse wohl sicher und gewollt weiter behüten.

Und so ging es halt in meiner klassischen DDR-Entwicklung voran, Kindergarten, da Mutter und Vater für den Sozialismus arbeiteten, Grundschule, Oberschule, Berufsausbildung und drei Jahre Militär. Auch wenn ich im Grunde genommen immer vom Leben im Westen geträumt hatte, ich schwamm mit dem Strom und versuchte mich in der Ostzone, so gut es geht, mit dem Regime zu arrangieren. Alles ein großer Fehler und dabei empfehle ich jedem Weltenbürger, der Ungerechtigkeit, den Diktaturen und der Unterdrückung den Kampf anzusagen.

Meinen Ausführungen möchte ich dringend, wie im Vorwort erwähnt, noch einige Erläuterungen voranstellen.

Vor mehr als 30 Jahren wurde ich aus der Ostzone, damals von den Kommunisten DDR genannt, in die BRD entlassen oder korrekt gesagt, frei(ver)gekauft. Die Zeit der Inhaftierung hat einiges an Ruinen und Trümmer hinterlassen. Weiter steht noch die Tatsache, geboren in einer Diktatur alle Entwicklungsstufen durchleben und bewältigen zu müssen und dies alles unter entbehrungsreichen Umständen. Das brennt weitere Spuren unvorteilhaft in die eigene Geschichte.

Vor etwa fünfzehn Jahren habe ich begonnen, meine Träume, meine sich wiederholenden Albträume und die noch stark vorhandenen Ängste, Ängste in vielen Lebenssituationen, aufzuschreiben. Immer wieder wurde ich von Freunden aufgefordert, die Geschichten, die ich ihnen erzählte, in einem Buch zu verfassen. Aus diesem Grund und weil es mir selbst geholfen hat und immer noch hilft, schreibe ich dieses erste kleine Buch. Es soll, wie vieles, was auf dieser Welt Schlimmes passiert, dem Vergessen entgegenwirken. Es muss sich erinnert werden.

Alles, was ich hier schreibe, ist so, wie ich mich daran erinnere und wie die Zeit mit den Qualen der Erinnerung sich darstellen lässt. Möglich, dass einiges anders war oder einiges so oder so abgelaufen ist. So, wie es beschrieben ist, holt es mich aber immer wieder ein. Das träume ich und das begleitet mich mehr als mein halbes Leben. Wenige Monate DDR-Knast als politischer Häftling und die wichtigsten Entwicklungsjahre eines Menschen in einer Diktatur zu erleben, hatten eine Wirkung auf mein restliches Leben.

Die Menschen, die einem anderen etwas aufzwingen oder durch Macht mit Gewalt andere beeinflussen oder unterdrücken wollen, müssen in sich gehen und den letzten Rest an Verstand aktivieren, um an einer besseren friedlicheren menschlicheren Welt mitzuwirken. Keine Weltanschauung, keine Religion, rechtfertigt das, was einzelne Menschen anderen Mitmenschen in den vergangenen tausenden Jahren Schlimmes angetan haben.

Vergleiche in diesen Zeilen, die anderen Opfern zu nahe gehen könnten, vielleicht, weil sie viel Schlimmeres erlebt haben, bitte ich zu entschuldigen. Mein Geschichtsbewusstsein und die Art und Weise, wie ich in der Diktatur DDR groß geworden bin, stellen immer wieder einen Zusammenhang zu anderen Diktaturen in meiner Denkweise her. Es liegt mir fern, den Opfern aus der NS-Zeit oder den vielen Opfern aus anderen Diktaturen zu nahe zu treten. Ich bete für sie auf meine Art und in meinem eigenen religions- und dogmafreien Glauben und sende ihnen noch heute all meine Kraft, die ich entbehren kann, egal, ob sie leben oder nicht leben.

Irgendwann trifft das eine auf das adere, irgendwann trifft ES sich in diesem riesigen Universum, dann wird ES Rede und Antwort stehen müssen. Alles ist da, bleibt da, und nichts geht verloren, das Gute nicht, auch das, was Schlechtes getan wurde, bleibt, das Fassbare und das Unfassbare, das Gestern, Heute und Morgen, alles bleibt. Letztlich, ist ja auch alles aus dem „einen“ entstanden also alles ist miteinander Verwunden. Ich bin mir sicher.

Was kann ich noch zu meiner Person sagen? Ich habe nach zehn Jahren nur die Oberschule abgeschlossen, da ich zusätzlich zu meiner Unlust, Russisch zu lernen, auch nicht in Englisch unterrichtet wurde und auch sonst von den Lehrern, weil sie es nicht besser wussten und wollten, nicht als Musterschüler betrachtet wurde. Mehr dazu im Kapitel „Leben in der Ostzone“.

Als ersten Ausbildungsberuf habe ich eine Lehre zum Industrie- und Wirtschaftskaufmann abgeschlossen. War danach als Rangierleiter im Lokbetrieb mit Dampflokomotiven bis zur Militärzeit tätig. Anfänglich wollte ich für mehrere Jahre zum Militär, aber weil ich nicht zur Stasi wollte, diente ich nur drei Jahre beim ostdeutschen Militär der NVA. Meine Familie war heuchlerisch und politisch mehr als leise, argumentierte, wenn nötig, auch mit Gewalt gegen ihre Kinder für das Mund halten, sich Arrangieren mit dem System, dem viel beschriebenen mit dem Strom Schwimmen. Somit kamen in mir doch immer wieder Zweifel an meiner für die Ostzone aufmüpfig wirkenden beschriebenen eigenen Meinung auf. Also wollte ich meist das Beste daraus machen, ging also zum Militär. Nach der Militärzeit startete ich ein Studium für Psychologie und Pädagogik und arbeitete in einem Kinderheim, das war damals mein Traum, soziale Arbeit.

DDR und Kinderheim, das war in der Ostzone gleichgesetzt mit Erziehungsanstalt und Jugendwerkhof, wobei letzterer eher einem halb offenen Jugendknast mit Makarenko-Methoden war. Makarenko war der, der für Geist brechen und Mensch neu aufbauen stand. Schnell wurde ich mit den unmenschlichen Verhältnissen vertraut gemacht, die mir als förderliche Selbstverständlichkeit von den meist der Partei angehörigen Pädagogen verkauft wurde. Neben der Parteizugehörigkeit musste man als guter Pädagoge auch noch der Deutsch-Sowjetischen-Freundschaft beitreten.

Mit den Kids wurde recht menschenverachtend umgegangen und egal, welches Störungsbild oder Defizit sie hatten, wenn sie überhaupt eines hatten, wurden alle Kinder und Jugendliche als debil bezeichnet. Die Kids in meiner Gruppe wurden eigentlich nur verwahrt, befehligt und durch Medikamente ruhiggestellt. Aolept bekam jedes Kind, egal, welche Größe oder welches Alter, alle bekamen dieselbe Dosis. Neben Aolept mit dem Wirkstoff Pericazin gab es auch noch Megaphen-Chlorpromazin oder Antidepressiva wie Noxiptilin und vor allem reichlich dosiertes Schlafmittel der Marke Luminal mit dem Wirkstoff Phenobarbital. Unterdrückung und Repressalien wie Katzer, gleich Einzelhaft, standen an der Tagesordnung. Neben den beschriebenen Medikamenten zum Sedieren konnten sich die sozialistischen Pädagogen an Kindern so richtig austoben. Viele Ungereimtheiten, für die es fast keine Worte gibt. Fakt war, und das ist mir heut mehr als je bewusst, dass dies mein erster bewusster Kontakt mit traumatisierten Kindern und Jugendlichen mit dem Thema Trauma war.

Als ich mehr darüber wissen wollte, warum man mit den Kids so umging und ich alles hinterfragt hatte, wurde ich für das Spezialkinderheim ungemütlich. Als Nichtgenosse und nicht-Mitglied in der Deutsch-Sowjetischen-Freundschaft hatte ich das System Heimunterbringung in der DDR nicht zu hinterfragen. Es folgte, was folgen musste, Berufsverbot. Ich flog von der Uni und wie schon so oft in meinem damaligen Leben war ich plötzlich in Konfrontation mit dem Staatssystem, mit der Stasi. Eigentlich hätte ich als nicht Arbeitender nicht nachweisen zu können, wovon ich lebte, und Arbeitsscheuer in Haft genommen werden können. Das sollte nach meiner Entlassung aus dem Kinderheim auch fünf Tage später durch die Stasi erfolgen. Eine höhere Macht hatte mir aber die sogenannte „Schippe Sand unter den Kiel gelegt“, ich habe im

DDR-Lotto einen Trabant 601 gewonnen und den Gewinn sofort an einen Kumpel, der schon ewig auf ein Auto wartete, für 20.000,00 Ostmark und 3.000,00 Westmark weiterverkauft. Er konnte statt meiner Person das Auto in Empfang nehmen und ich konnte, als die Stasi an meiner Tür stand und mich abholen wollte, meinen Lebensunterhalt erst einmal großzügig nachweisen.

Es ging dann zügig weiter. Arbeit als Bandfahrer im Bergbau, Bierkutscher in der Schwarzbierbrauerei Bad Köstritz, Glaser in einer Gärtnerei, Koch im Lila-Salon und immer wieder Fluchtversuche und Ausreiseanträge. Es kam doch folglich nach dem Berufsverbot als Pädagoge die Inhaftierung nach gescheitertem Fluchtversuch und der organisierte Freikauf durch die Bundesregierung.

1986 kam ich in den damals für mich „Goldenen Westen“

FST

Im Westen angekommen wollte ich erst einmal Geld verdienen und nahm alles an, was sich so ergab oder lukrativ erschien. Nach Jobs als Versicherungsvertreter, Staubsaugervertreter, Geldeintreiber, Gastronom, Veranstaltungsorganisator oder Kommissionierer suchte ich mir etwas Bodenständiges. Es folgten einige Anstellungen als Kaufmann und dann die Gründung meiner Handelsagentur, als selbstständiger Gewerbetreibender. Neben dem Studium als Marketing-Referent machte ich eine Ausbildung als Motivationstrainer, heiratete und adoptierte ein Kind. Alles war gut und ich war erfolgreich im Job. Auch wenn alles viele Jahre gut lief, war ich letztendlich leider nicht in der Ehe erfolgreich.

Im Jahr 2006, nachdem meine Ehe als gescheitert bezeichnet werden konnte und ich mit Burn-out in ein tiefes Loch fiel, schien alles für mich zu Ende zu sein. Irgendwie durch einen guten Freund motiviert und mit dem Gedanken, doch bereits viel Schlimmeres erlebt zu haben, mühte ich mich langsam aus meinem tiefen Loch, in das ich seelisch gefallen war. Meine Entscheidung war, ich muss mein Leben grundsätzlich ändern und alles Alte, das vergängliche Jetzt abschütteln und nach einem verrückten Tun neu durchstarten. Also alles Geld zusammennehmen, Flugticket buchen, im Hilton einchecken und auf gehts nach New York. Ich verprasste mein ganzes restliches Geld in wenigen Monaten in New York. Vom Leben im Hilton ließ ich mich in einer Stretch-Limousine in die Radio Music City Hall kutschieren, um das Weihnachtsmusical Windhoek zu sehen. Ich besuchte vom One Vanderbilt, zum Edge Hudson Yards, den Centralpark über die Brooklyn Bridge, den Times Square bis zur Freiheitsstatue, das 9/11 Memorial, den High Line Park, den Columbus Square, natürlich Macy‘s mit der alten Holzrolltreppe und vieles, vieles mehr. Essen im „Katz“, Hotdog um Mitternacht auf der 5th Avenue, New Yorker Steak und Sushi vom Sushi-

Meister, der nur für mich arbeitete. Intensivstes Leben, ohne an das Morgen zu denken schaffte es, dass ich einen Punkt erreichte, an dem ich frank und frei bei null einen Neustart vor mir sah und ich genau wusste, was ich von nun an will. Neu starten.

Reset.

Alles änderte sich auch plötzlich um mich herum und in mir, in meinem Kopf, in meiner Haltung und im Denken. Endlich begann ich mit dem ersten Schritt, ich machte das, was ich in meinem Leben immer machen wollte. Soziale Arbeit mit Kindern und Jugendlichen auf der Grundlage meiner Lebenserfahrung und meiner nun gesunden Lebenseinstellung, gemeinsam, zusammen deren Probleme bewältigen. Darauf muss man erst einmal kommen.

Der Start war ein langer Brief an viele soziale Einrichtungen in Deutschland, statt eines klassischen Bewerbungsschreibens, in dem ich vieles aus meinem Leben und meinem neuen Erkenntnisstand aufschrieb. Es funktionierte, ich bekam eine Einladung von ganz fähigen Leuten aus der Diakonie Heilbronn. Diese hatte ich neugierig gemacht, sie wollten mehr über mich wissen und boten mir nach einer Einladung und einem Gespräch einen Arbeitsplatz, aber auch eine Ausbildung an. Eine Ausbildung zum Jugend- und Heimerzieher und eine anspruchsvolle pädagogische soziale Arbeit in der Inobhutnahme Heilbronn machten mich in nur elf Jahren zum besseren Menschen. Elf Jahre Erfahrung mit

Kindern- und Jugendlichen in Notsituationen, mit Menschen, die täglich emotional, psychisch und physisch um ihr Überleben kämpfen, mit einem Team und Kollegen von Sozialarbeitern, die sie letztlich alle sind. Das prägte mich so nachhaltig, dass mir in machen Augenblicken, an denen ich mich rückblickend an die Zeiten erinnere, die Tränen über mein Gesicht fließen. Nebenbei begleitete ich ein familiär geführtes Trauma-pädagogisches Projekt in Italien. Vor allem aber bildete ich mich weiter, weil lernen für mich anders war, als die DDR-Lehrer es von mir zu wissen glaubten, einfach mein Ding. Ich lernte die Grundlagen der Traumatisierung und der Traumafolgestörungen und machte meinen Systemischen Trauma-Pädagogischen Berater. Themen der modernen Pädagogik im Heim, der Bindungstheorie, der Inobhutnahme-Hospitalisierung, der Psychologischen Beratung, Hypnose- und Hypnosetechniken, Suggestionen und vieles mehr wollte ich wissen und professionell lernen und tat dies auch ziemlich umfangreich. Ich tat dies besonders, um die eigene Sprache und das eigene Wirken auf andere zu überprüfen. So war es auch für mich hilfreich, Kurse für Elterncoaching, Motivationstraining, Trauma-Pädagogische Methodenarbeit, Konfliktmanagement und Krisenintervention zu lernen. Dies alles zusammen, die Verwandlungen, der Input, das Erlebte und die Offenheit aller Sinne haben mir zusätzlich ein Leben voller wunderbarer Erlebnisse und Geschichten geschenkt.

„Der Grundirrtum meines Lebens bestand in der Annahme, dass der Sozialismus die menschlichen Tragödien beendet und das Ende der menschlichen Tragik selbst bedeutet.“
Johannes R. Becher

Leben in der Ostzone

FST

Es soll ja Menschen geben, die noch immer behaupten, dass in der DDR alles besser war. Dann gibt es Menschen, die sagen, es war ja nicht alles schlecht. Weitere Stimmen sagen, dass es woanders auch nicht anders war. Auch sagte man im Osten, dass es im Westen besser sei, oder dann, der Sozialismus sei das beste soziale System, Kapitalismus beute Menschen aus. Meinungen über Meinungen, die offen oder hinter vorgehaltener Hand so jeder von sich gegeben hatte, der überzeugt war, alles genaustens und am besten zu wissen, meist mit reichlich Alkohol, am Stammtisch oder bei Familienfeierlichkeiten. Sie alle hatten Recht und Unrecht zugleich, denn DIE Wahrheit gibt es bekanntlich nicht.

Das System Ostzone, DDR, funktionierte mit einem Spitzelsystem und einer Masse von Denunzianten, Menschen, die dem System zuarbeiteten, um in irgendeiner Art einen Vorteil für sich herauszuholen. Doch das Leben im Osten war mit aller Farbe nur grau in grau. Wie noch heute so auch damals galt, „wenn du eine Lüge ständig wiederholst, wird sie irgendwann als Wahrheit weitergetragen". Heute würde man auch Narrativ dazu sagen. In der Ostzone war im Grunde genommen alles eine einzige Lüge. Es gab Volkswirtschaftspläne, die immer zu 100% erfüllt wurden. Wahlen waren immer ohne Gegenstimme. Alles, was der Osten machte, war besser als das, was andere Länder machten. Die Parteibonzen standen zum Beispiel knöcheltief im Kohlendreck, in ihrem eigenen Sumpf, und zeichneten Arbeiter aus für den erfüllten Plan und dafür, dass der Betrieb mit allen Maschinen läuft. Schmutzige Lügen, in Wirklichkeit war die Hälfte der Maschinen mangels Ersatzteile stillgelegt, die Hälfte der Produktion war Ausschuss und wenn mal etwas Wichtiges geliefert wurde oder gar funktionierte, klaute es sofort ein Mitarbeiter oder ein Bonze für seine Dacia oder zum Tauschen oder für sonst irgendeine Vorteilnahme.

Das System lebte in einer Lüge und allem aber wirklich alle, machten mit. Neben der staatlichen Wirtschaft gab es noch eine Schattenwirtschaft, die sich grundsätzlich am sogenannten Volkseigentum bediente. Profitierte das Spitzeltum und die Partei davon, wurde dies alles geduldet. Ansonsten konnte die Ostzone einen Präzedenzfall kreieren und hatte beziehungsweise präsentierte dann wieder mal einen Staatsfeind, der vom bösen Westen aufgehetzt, angestiftet und finanziert wurde. Klassengegner nannte man den verhassten Westen, ohne zu berücksichtigen, dass es sich hier genauso um Deutsche handelte. Sich jemanden als Feindbild zu kreieren und so die Möglichkeit zu haben, alles eigene Versagen diesem Klassenfeind zuschreiben zu können, war für die Ostzone ein nützliches Mittel. Es funktionierte gut, weil es vor tausenden von Jahren schon funktionierte. Was brauchen Menschen, die einfach nur funktionieren sollen und sich nicht auflehnen? „Brot und Spiele". Es gab wohl kein Kolosseum, aber es wurden Veranstaltungen, Feiern und Feste inszeniert, wo sich das Volk nach den roten Fahnen schwenken mal so richtig vollfressen und, ganz wichtig, besaufen konnte. Alkohol war äußerst wichtig und ein Teil des Verdienstes. 1,12 Ostmark kostete eine Flasche Fusel Schnaps. Mein Vater bekam 30 Flaschen auf Deputat-Marken, war also jeden Tag, verdient und gefördert, betrunken. In der Straße, in der ich wohnte, waren nach der Arbeit, spätestens am Abend, alle betrunken und dies nicht nur am Wochenende oder an Festtagen, gesoffen wurde immer. Alles, was so gebraucht wurde, um zu bauen, zu werken, etwas zu schaffen, einzuzäunen oder anzupflanzen, es ging so gut wie nichts auf regulärem Weg. Es wurde getauscht oder aus den Volkseigenen Betrieben mitgenommen oder gar einfach gestohlen. Die Heizung für unser Einfamilienhaus, das meine Eltern gekauft haben, hatten mein Vater und ich in einer vorübergehend leer stehenden Villa in der Kreisstadt gestohlen. Einfach wie selbstverständlich ausgebaut. Ein Nachbar hatte 20 Jahre lang jeden Tag, an dem er arbeiten war, vier Ziegelsteine mit nach Hause genommen. Er klaute sich also so ca. 17 m^2 Wand aus dem Volkseigenen Betrieb pro Jahr. Sein Eigenheimbungalow steht heute noch.

Als Kind war man vermeintlich gut aufgehoben. Solange das Kind das machte, was die Gesellschaft und die Eltern verlangten, war es ein gutes Kind und hatte dann weiter nur zu funktionieren. Kinder, die eher expansiv unterwegs waren, Dinge hinterfragten oder gar etwas an eigener Meinung durchsetzen wollten, wurden reglementiert, ausgeschlossen oder es gab körperliche Erziehungsmaßnahmen. Ich bekam immer zwei Bestrafungen, erst vom Erzieher, Nachbarn, oder wer gerade meinte, dass ich etwas falsch gemacht hatte, und dann von meinem damals für mich übermächtigen Vater. Heute, mit demselben Erziehungsstil, würden meine Eltern wegen Kindesmisshandlung und schwerer Körperverletzung sicher im Gefängnis sitzen und ich wäre in einer Jugendhilfeeinrichtung groß geworden.

Ich weiß nicht, wenn ich an mein Leben im Westen denke, was sicher kcin einfaches Leben war und ist, dann betrachte ich das Leben in der Ostzone mit jeder Sekunde als vertane Zeit, als gestohlene Zeit, für die irgendjemand mir etwas zahlen müsste, weil sie mir weggenommen wurde. Die kommunistischen Machthaber der DDR waren Faschisten, Feinde der Menschen, denen sie sagten, für sie da zu sein, und Feinde in sich selbst, die diesen Staat lenkten, und dazu wieder eine Masse an Mitläufern um sich scharten, dumm oder und ignorant, die dieses alles möglich machten.

Wenn ich mir vorstelle, dass ich um 7:00 Uhr morgens am Samstag der 120ste beim Becker in der Reihe war und um 8:30 Uhr zum Frühstück mit etwas Glück mit frischen Brötchen nach Hause kam … oder dass es etwas Besonderes war, wenn ich als Kind im Sommer einmal in der Woche Eis bekam ... Für Wiener Würstchen führ meine Mutter mit ihrem Trabant 50 Kilometer, nur dafür, dass wir die Heiligabendtradition Kartoffelsalat und Würstchen durchziehen konnten.

Im Sommer saßen wir schon mal draußen im Garten und es gab Muckefuck, einen Malzkaffee aus Wegwartewurzeln, und Streuselkuchen. Zu lange durften wir nicht warten, denn das Porzellan färbte sich nach wenigen Minuten grauschwarz durch den Ruß der Kohlekraftwerke. Wir wurden gewarnt, als Kinder nicht in den Fluss zu gehen, was wir eh nicht getan hätten, da dieser nach Phenol stank und jegliches Leben auslöschte. Ich kann noch heute bestimmt 25 Orte aus meinem damaligen Lebensumfeld benennen und zeigen, wo so viel giftiger Müll vergraben liegt, dass jeder, der heute dort lebt, sich sorgen um das Wasser machen müsste, was er trinkt. Nicht nur die Menschen, die in der DDR gelebt hatten, wurden nachhaltig teils physisch, aber vor allem psychisch manipuliert und diffamiert oder gar dauerhaft geschädigt, nein, auch das Land trägt für die nächsten Jahrhunderte Gift für Generationen in sich. Es war halt alles eine menschenverachtende, lebensverachtende Diktatur, „mein Leben in der Ostzone“!

Gesetzgeber oder Revolutionäre, die Gleichheit und Freiheit zugleich versprechen, sind Fantasten oder Scharlatane.
Johann Wolfgang von Goethe

U-HAFT

Splitternackt ausziehen, raus aus den Zivilklamotten. „Sofort!“, hallte es in meinen Ohren. Diese und ähnlich peinlich verachtende Prozeduren musste ich in der U-Haft und nach der U-Haft im Strafvollzug der Ostzone öfter durchmachen. Ich hätte ja versuchen können, in diversen Körperöffnungen etwas zu schmuggeln, was die Dreckskerle als Waffe oder verbotene Sache ansehen konnten.

Ich war im Zug nach Köln in meinem Versteck und wollte in den Westen fliehen, wurde erwischt und verhaftet. Warum sollte ich mir da etwas in den Arsch schieben? War mir doch so sicher, dass es funktionieren würde und dass ich Erfolg mit meinem Plan habe. Egal oder auch nicht, denn ich bemerkte schmerzhaft ein Etwas in meinem Hintern und der Perverse, dessen Finger es wohl war, sagte zu seinem Kollegen, der meinen Kopf nach unten drückte, „nichts“. Bei solchen oder ähnlichen menschenverachtenden Prozeduren hatte man immer den Eindruck, dass die ausführenden Stasi-Aufseher eine besondere Freude empfanden. Sie fühlten sich mächtig, über allem stehend. Dabei waren sie für mich doch nur perverse Handlanger! Lange musste ich noch so stehen. Ab und an ging ein Wachmann an mir vorbei und prüfte meine korrekte Haltung. Es war kalt, Gänsehaut bildete sich auf meiner Körperoberfläche. Trotzdem lag Schweiß auf meiner Stirn.

Es war mitten in der Nacht, irgendwo in einem Gefängnis in Magdeburg. Man hatte mich aus dem Intercity von Leipzig nach Köln herausgeholt. Nach einigen Versuchen von mir, auf andere Weise die Grenze zu überschreiten, hatte ich mich für ein Versteck im Zug entschieden.

In den Reichsbahnwagen, so war der Name der Bahn der DDR, Reichsbahn, gab es auch Toiletten. Über der Toilette befand sich eine Klappe. Hinter der Klappe war der Wassertank. Dort konnte ich so viel Platz schaffen, dass ich ohne fremde Hilfe ein Versteck erklimmen konnte. Bekleidet mit Jeans, Schimanski-Jacke und Turnschuhen glaubte ich, ins gelobte Land zu reisen. Es ging schief. Ein aufmerksamer linientreuer DDR-Bürger, dem man die Fahrt in den Westen genehmigt hatte, machte Polizisten und Grenzsoldaten, die den Zug vor der Grenze durchkämmten, darauf aufmerksam, dass jemand in die Toilette gegangen sei und nicht wieder herauskam. Zweimal ging die WC-Tür auf, dann folgte eine Diskussion mit dem Reisenden. Schließlich verbellte ein Hund die Toilette und ich war gefunden. Die Luke in der Decke des Toilettenabteils wurde geöffnet, ich rutschte mit dem Gesäß zuerst durch und knallte, einen Polizisten rammend, auf den Toilettendeckel und rutschte dann mit meinem Gesicht direkt vor die Nase des Hundes. Mein Körper versorgte sofort alle wichtigen Stellen mit reichlich Adrenalin und mein Puls raste, sodass mein ganzer Körper in Schwingung gelangte. Alles Weitere ging so schnell, dass ich keine rechte Erinnerung mehr daran habe.

Mir ist noch bewusst, wie ich in Handschellen auf dem Bahnsteig stand. Ein wirklich sehr freundlicher junger Polizist mit weißem müdem Gesicht, empfahl mir: „Sag doch, du machst Scherze, wolltest was probieren und seiest so eingeschlafen.“ Er sagte, er würde mich gehen lassen für diesen Scherz. Ein Mensch unter Wölfen?! Das lässt mich noch heute immer wieder an das Gute glauben, was es doch eigentlich nicht gibt? In dieser Situation dachte ich aber nur an: Wie? Was? Wer? … soll das denn glauben, das ist doch völliger Unsinn und nicht machbar, was der da erzählt. Ich konnte nie herausfinden, ob das zu dieser Zeit wirklich funktioniert hätte, da ich mich mit einem Kopfschütteln dagegen entschied. Kurz, ich lehnte ab, nahm das Angebot, wie gesagt, nicht an.

Er übergab mich, begleitet vom Hundeführer und einem Zivilisten, anderen Polizisten und da machte ich die erste Bekanntschaft mit einer Knebelkette. Die Narben befinden sich noch heute an meinem Handgelenk. Es ging in den Knast und da steht er, stand er, Franky, nackt, nicht in Köln, sondern in DDR-Untersuchungshaft. Mehrmals musste ich meine Kleidung ausziehen und wieder anziehen. Dann ab zum Verhör. Wieder ausziehen und warten. Ein Wärter trat mir von hinten in die Kniekehle. Ich krachte überrascht zu Boden. Der Schmerz hielt sich noch Tage. Wochenlang hielt man mich hier in der Untersuchungshaftanstalt Magdeburg, ein Teil der Vollzugsanstalt Magdeburg-Sudenburg, gefangen. Nach vielen Verhören stand für die Stasi fest, dass ich mit Waffengewalt die Grenze der DDR in die BRD überschreiten wollte. Waffengewalt, weil ich ein kleines Schweizer Taschenmesser bei mir führte. Mein Großvater hatte es mir vererbt und ich trug es fast immer in meiner Hosentasche. Somit hatte ich gegen § 213 des Ostzonen-Strafgesetzbuches verstoßen und konnte abgeurteilt werden.

Der § 213 war der Republikflucht-Paragraf und stand mit vielen Strafen, die die DDR verhängte, im Widerspruch zum Völkerrecht. Bereits im Jahre

1764 hat der italienische Rechtsphilosoph Cesare Beccaria in einem Buch geschrieben, es sei nicht förderlich und es sei dringend davon abzuraten, Republikflucht unter Strafe zu stellen. Zweihundertdreißig Jahre später haben die Kommunisten noch immer nichts davon wissen wollen!

Wut ist eine Strafe, die sich jeder selbst, für den Fehler anderer auferlegt!
Franky Hollyday

Einige Wochen in der U-Haft in Magdeburg befand ich mich in einer Einzelzelle. Ein bewusstes und gewolltes System, um Menschen zu brechen. Einzelzelle, das war ein winziges Loch mit einer Pritsche, die tagsüber an die Wand geklappt wurde. Ein Tisch, ein Hocker, auf dem man nur zum Essen sitzen durfte. Ein Scheißpott und ein Waschbecken. Die Zelle ließ keine fünf Schritte zu, denn der Sanitärtrakt mit Klo und Waschbecken wurde noch einmal durch eine Gittertür getrennt. Es gab, glaube ich, keinen festen Rhythmus wann diese Gittertür für Körperpflege und Notdurft geöffnet wurde. Willkür, mal auf, mal zu. Meist war sie zu, wenn ich es nötig hatte. Als ich mal so dringend auf das Klo musste, klopfte ich mit meinem Hocker an die Gitterstäbe, weil auf mein Rufen keiner der Wärter reagiert hatte. Das laute Klopfen sollte der Dringlichkeit meiner Notdurft Gehör verschaffen. Ein Schließer kam und öffnete die Zellentür, nachdem er durch den Spion, der sich in der Zellentür befand, geschaut hatte. Ohne mein Anliegen zu erfragen, belehrte er mich lautstark über die Konsequenzen, die ich nun zu erwarten hatte. Lärmen und schreien sei verboten. Genauso wie das verfremdete Verwenden von Anstaltseigentum. Würde etwas kaputt gehen, steigerten sich die Konsequenzen merklich und unangenehm.

Der ist doch mal wortgewandt, dachte ich mir. Mit dem könne ich reden. Ein weiterer Irrtum in diesem System. Als ich ihm sagte, dass ich seit Stunden keine Möglichkeit mehr hatte, auf die Toilette zu gehen, lächelte er sogar. Dann verschloss er wieder die Tür. Das war's, dachte ich. Die Konsequenz war, ich kann wieder nicht aufs Klo.

Nach gefühlt ewiglich vergangener Zeit ging der Spion wieder auf, ein Auge schaute durch. Ich saß verbotenerweise auf dem Hocker, da ich so meinen Druck besser aushalten konnte. Das Schließgeräusch ließ mich aufschnellen und ich stellte mich ordnungsgemäß hin. Wollte keinen Ärger. Nur schnell aufs Klo. Drei Schließer kamen in die Zelle. Schließer wurden die männlichen Aufseher genannt und bei den Frauen hießen sie Schlusen. Die Wachmannschaft hatte einen riesigen Schlüsselbund zum Schließen. Ein Geräusch beim Schließen entstand mit diesen speziellen Schlüsseln, das sich in breiter

Spur in die Festplatte eines jeden Strafgefangenen einbrannte.

Das Gitter wurde aufgeschlossen und ich sollte mich umdrehen. Ich beteuerte noch einmal, dass ich dringend auf die Toilette müsse und es kaum noch aushalte. Zwei Schließer zogen meine Arme nach hinten und drückten sie durch das Gitter. Etwa in der Höhe meines Brustkorbs muss sich eine Querstange im Gitter befunden haben. Ein Arm über dieser Stange und ein Arm darunter, dann wurden mir Handschellen angelegt. Ich hing mit dem Kopf nach vorn am Gitter fest. Ein Wärter sagte, das Gitter sei offen und ich könne mich erleichtern. Mit meinen klugen Sprüchen und das ich doch immer wieder einen draufsetzen würde, könne ich doch jetzt eine Lösung finden. Sie haben schließlich auch getan, was ich wollte. Das Gitter sei offen. Dann verließen sie die Zelle. Schließgeräusch und Ruhe!

Was jetzt?, dachte ich. Immer wieder etwas Neues. Erst die Verhöre und dann, in den Pausen, machen sich diese Dreckskerle noch ihren Spaß. Das habe ich nun von meiner großen Schnauze. Es war kein Spaß. Meine Lage wart höchst unbequem. Meine Schultergelenke schmerzten, die Handschellen waren wie immer zu fest und ich musste scheißen! Was soll ich sagen, die haben tatsächlich so lange gewartet und mich so lange hängen lassen, bis ich mir in meiner Not in die Hose geschissen hatte. Natürlich passiert es, wenn man so lange anhält, und dann auf einmal den Schließmuskel löst, dass automatisch auch die Blase ein Signal bekommt, um sich zu entleeren. Da hing ich nun, Hose voll und vollgepisst. Zwar war ich erleichtert, besser ging es mir durch die Schmerzen und die Fäkalien in meiner Kleidung trotzdem nicht.

Es verging wieder einiges an Zeit und ich wurde von einem Schließer, den ich zuvor noch nicht gesehen hatte, ohne Kommentar erlöst. Er reichte mir ein Stück Kernseife, ließ das Gitter offen und verschloss hinter sich mit gewohntem Geräusch die Zellentür. Nun durfte ich meine Kleidung und mich, am Waschbecken mit kaltem Wasser wieder in Ordnung bringen. Diese Kleidung hatte ich nach diesem Vorfall noch zwei Wochen an. Erst auf einer Gemeinschaftszelle fand ein mehr oder weniger regelmäßiger Kleidertausch beziehungsweise die Reinigung der Kleidung notdürftig statt. Ich habe mich manchmal gefragt, wie wir alle wohl stanken und wie diese Schergen das aushielten? Aber wie unsere und meine Nase sich daran gewöhnten, so werden die Nasen der Wärter sich auch daran gewöhnt haben.

Nach einem heftigen Verhör ging ich in den Hungerstreik. Auf die Frage, ob ich sterben will, sagte ich: „Das auch oder bessere menschlichere Haftbedingungen und raus aus der Einzelhaft!“

Und irgendwie funktionierte das, ich war verwundert. Nicht weil ich im Hungerstreik war, sondern weil man mich nicht mehr zu verhören brauchte, weil ich zu keinem weiteren Verhör musste. Es war klar und sicher, ich würde verurteilt werden also hätte ich nun Kontakt zu Mithäftlingen haben können. Die Gemeinschaftszelle war nicht besser, aber es befanden sich Mitgefangene darin. Alle unschuldig oder politisch. Witzig, dass alle im Gefängnis unschuldig sind. In dieser Zelle lernte ich, was man im Knast braucht. Ich war wohl doch der einzige Politische und die drei Mitbewohner fanden mich sympathisch. Glück gehabt! Hier erfuhr ich von der Abschiebehaft, vom Verhalten den Wärtern gegenüber und wie man sich gegen sexuelle Übergriffe wert, wie man schmuggelt und zu Knastgeld kommt. Ich wurde in das Morsealphabet des Knastes eingewiesen, lernte, wie man durch Scheißrohre Geld und Zigaretten schmuggelt. Lernte weiter, dass Pendeln nicht mysteriös ist, sondern mit einer langen Schnur Päckchen von einem Knastfensterloch zum anderen transportiert werden. Einer meiner Mitgefangenen zeigte mir, wie man aus schwarzem Tee und Zucker ein Aufputschmittel macht oder wie aus altem Brot Wein wird. Mir wurde beigebracht, wie man aus einem Bettgestell und dessen Drähten einen Atomino, also einen Speed-Tauchsieder, macht, und mir wurde all das gezeigt, was ich hier zum Überleben brauchte. Wirklich alles nützliche Dinge, um zu überleben.

Schwarzer Tee und Nikotin waren im DDR-Knast das wichtigste Gut, was ein Strafgefangener haben konnte. Tauschmittel und Währung zu gleich. Ein starker Tee und eine Zigarette waren eine solche Wohltat und ein echtes Privileg. Im Kontrast stand hier das Essen. Marmelade, immer vertrocknetes Brot. Mittags gab es eine Plastikschüssel voller Suppe oder Kartoffeln mit Soße.

FST

Am Abend gab es mit etwas Glück Wurst aus einer Dose. Das war die Ernährung. Kein Obst, keine Frischware, null Qualität, alles überlagerter Scheiß, mit dem man so gerade ernährt bleibt. Meine erste Plastikschüssel flog im hohen Bogen durch die Türklappe. Ich wusste nicht, dass ich an der Reihe war und ich die Schüssel fangen beziehungsweise aufhalten musste. Dreck zu Dreck, dachte ich, war nicht schlimm!

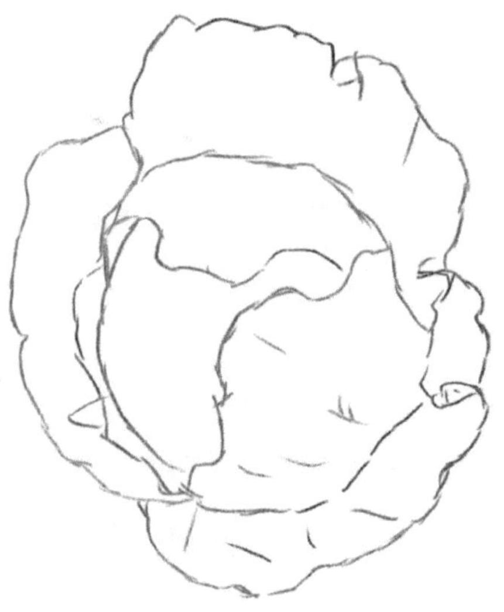

Verhör und Scheiße

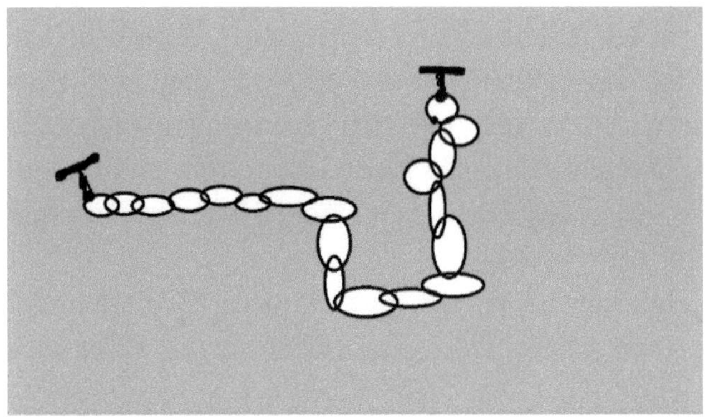

„Homo homini lupus."
 Ein Wolf ist der Mensch dem Menschen!

Oh mein Gott, wie meine Hände schmerzen. Es tut so höllisch weh, ich sterbe, ich will sterben, es tut so weh, so sehr! Ich fasse es nicht. Seit gefühlten Stunden ist kein Blut mehr durch meine Finger geflossen. Der klägliche Rest roter Flüssigkeit scheint ohne Sauerstoff zu sein. Beim Militär hatte ich mal gelernt, wenn Sauerstoffmangel vorliegt, erfolgt ein Anschwellen der Zellen und es kommt dadurch bedingt zu einer weiteren Verminderung der Durchblutung. Letztlich beißt sich hier die Katze in den Schwanz. Eine Vergrößerung des Sauerstoffmangels im Gewebe ist die Folge. Handschellen, brutal und mutwillig bis zum geht nicht mehr zusammengedrückt, und dies an meinen Handgelenken. Aber warum noch zusätzlich eine Knebelkette am Gelenk, wofür sollte diese noch sein? Wie hält sie eigentlich und überhaupt an meinem Gelenkknochen, ohne dass jemand daran dreht, zerrt oder zusätzlich drückt? Da bemerke ich zu meinem Schmerz, Schmerz überall, die Kette ist verdreht und irgendwie fest. Zusätzlicher Schmerz zu den Handschellen.

Ha, da ist er wieder, mein tapferer Begleiter, und flüstert mir ins Ohr: „Das hältst du aus, sorge dich nicht!“ Aber viel mehr als das, was meine innere Stimme, mein Begleiter, mein Ich, zu mir sagt, interessiert mich doch, dass der Mensch vor mir keinen Fehler macht. Dieser von der DDR-Diktatur geschulte und beauftragte Verhörmeister, nach der Jacke am Wandhaken zu urteilen, dürfte er Major sein, zieht alle Register, um mich einzuschüchtern. Er genießt meine offenbar für ihn sichtbare Angst. Genussmensch, Verhörmeister oder Folterknecht der Stasi. Wahrscheinlich ist ihm schon einer abgegangen. Wie er sich ergötzt, seine Macht mir präsentiert, mich dies sehen und vor allen spüren lässt und wie er genüsslich an meinem Angstschweiß schnüffelt.

Der Lauf seiner Makarow 9 mm zeigt immer im richtigen Moment in meine Richtung. Ich kenne diese Waffe. Habe sie selbst schon oft als genug oder öfter als nötig abgeschossen. Die Russen hatten 1945 einen Wettbewerb gestartet, der das Vorgängermodell, die halbautomatische Pistole Tokarew 33 ersetzen oder verbessern sollte. Sieger des Wettbewerbs war der russische Konstrukteur Nikolei Fjodorowitsch Makarow. Ja, ich kenne diese Waffe aus dem FF und wenn sich ein Schuss löst, ist all mein Wissen Makulatur. Was für ein Gedankenkarussell! Und wenn sie doch versehentlich losgeht? Weil dieser Sadist versehentlich oder gar mit Absicht einen Schuss möglich macht? Stasioffiziere, was bei denen so los war ... Da wurden schon mal gern abtrünnige Gesellen durch Kopfschuss hingerichtet. Gedanken, Gedanken, Gedanken. Warum sind wir Menschen nur so gestrickt? Was stimmt mit uns nicht?

Wieder zeigt der 93 mm lange Lauf in meine Richtung. Geht sie jetzt los, schlägt das Projektil mit 315 m/s direkt in meinen Brustkorb ein. Kaliber 9,2 x 18, die richten was aus. Ein Projektil mit 6,1 Gramm Vollstahlmantel, beschleunigt durch nur 0,24 Gramm Pulver auf 315 m/s. Die Kugel hätte mehr als ausreichend Energie, um Haut und Rippenstücke mitten durch mein Herz zu treiben. Den Knall höre ich wahrscheinlich nicht mal, zu schnell, dann befinde ich mich bereits im Jenseits, auf der Straße zum hellen Licht! Der ist verrückt, hirnlos oder steht er vielleicht doch auf Blut? Sauberer Verhörraum? Das gibt doch eine riesige Sauerei! Eine stark blutende Austrittswunde. Ich versaue mit meinem

Blut den sauberen Verhörraum. Ist mir egal, ich muss es nicht mehr wegmachen.

Stimmt, es gibt einen Knall und der Rest ist deren Sache!

Das Magazin ist voll, acht Patronen und eine liegt noch auf dem Tisch. So geht es immer weiter, während er mich nach meinen Komplizen fragt.

Er braucht ein paar Namen von Mithelfern. Nun ist das Magazin in der Waffe. Er zieht den Schlitten durch und öffnet wieder die Magazinsperre. Das Magazin rutscht in seine Hand. Seine Hände, die nie eine Schippe gesehen hatten, führen die auf dem Tisch liegende Patrone in die Patronenkammer des Laufes, Schlitten langsam nach vorne und Magazin wieder in die Waffe. Ergebnis: acht Plus eins, gleich neun Schuss. Wer an Waffen ausgebildet wurde, kennt die Geräusche und den Vorgang. Ein Stück Macht und Geilheit ruft vom Stahl, alles aus einem Stück gefräst heraus, ICH habe die Macht über „Leben und Tod“. Wenn die falschen Leute sie führen, ist das sicher so. Die Waffe ist auf mich gerichtet, das Magazin liegt plötzlich wieder in seiner linken Hand. Etwas Schweiß und viel Fett sind jetzt in seinem Gesicht zu erkennen, dann dreht er eine Tischlampe in mein Gesicht und verschwindet so im Schatten. Nur der Lauf der Makarow ist als kleiner Kreis zu erkennen. Wenn er jetzt abdrückt? Wie war das noch? Geht sie ohne Magazin los? Es ist eine Kugel im Lauf, ich kenne das. Wenn du durchlädst, befindet sich eine Patrone im Lauf. Dann das Magazin wieder raus und die fehlende Patrone nachladen oder acht im Magazin und eine im Patronenlager, dies ist dasselbe. Ein Gegner würde bis acht zählen und vermuten, dass sein Feind alle acht Schuss abgegeben hat. Welch ein tödlicher Irrtum, das ist ein letzter Fehler. Es stehen neun Schuss zur Verfügung, die manchen Zweibeiner im realen Gefecht schon das Leben gekostet haben. Ein ganz schlauer Gegner wüsste das! Bin ich ein ganz Schlauer? Er auch? Er ist ein Arsch! Ein Dreckskerl, Henker, es macht ihm wahrscheinlich viel mehr Spaß, als seine Frau zu vögeln. Wenn er es überhaupt bringt? Wenn er überhaupt eine Frau hat? Ach, hätte ich das Töten beim Militär nicht gelernt, dann wüsste ich nicht, was dieses kranke Hirn hier macht, und hätte „nur" (Todes-)Angst.

Ich werde unter mich machen! Fühlt sich sterben so an? Wie aus einem Tonband höre ich seine Stimme: „Wer hat Ihnen in das Wassertankversteck geholfen? Wer sind deine Komplizen?"

Mal du, mal Sie? Was denn nun, du Penner, lass die Sau raus und bring es hinter dich, denke ich noch, da streift der Lauf der 730 Gramm schweren Waffe über meine Nasenspitze, hart und nach unten ziehend! Ich spüre ein Brennen in der Nase, welches durch mein heißes Blut gelöscht wird. Ja, nun geht die Sauerei tatsächlich los. „Geben Sie mir die Namen und du kannst schlafen gehen!"

Meint er mit „schlafen“, dass ich im Abkühlmodus bin, also tot, oder wie soll ich das deuten?

„Ich habe keine Komplizen, habe alles alleine organisiert“, sage ich ihm und dass es meine alleinige Idee war. Immer wieder mit gleicher monotoner Stimme wie er wiederhole ich meine Worte. Dann kommt der Lauf wieder ganz nah an mich heran. Waffenöl. Ich rieche Waffenöl und ich denke nach über Pyroxilin. Das ist der Name des Pulvers in der Patronenhülse. Genau 0,24 Gramm bringen mich jetzt um! Sein rechter Zeigefinger bewegt sich, er drückt ab! Alle meine Muskeln sind plötzlich angespannt, mein Kopf scheint zu zerspringen. Lebe ich noch? Ich lebe noch! Wie hat er das gemacht? Noch immer sehe ich das Licht der Lampe. Das metallene Klicken der Schlageinrichtung der Waffe hinterlässt ein Echo in meinem Kopf. Die Patrone war nicht mehr im Lauf! Er weiß, was er tut. Er weiß, dass ich weiß, wie man mit Waffen umgeht. Er weiß, wie er mir Angst machen kann. Er weiß, wie er sich Freude an mir bereiten kann. Er hat Freude empfunden. Ich kann es hören.

Aus seiner Richtung kommt ein Glucksen, wie wenn sich jemand das Lachen verbeißt. Wann hat er die Patrone entfernt? Mir fehlt ein Geräusch. Das hätte ich hören müssen. Jetzt sind mir auch noch Zeit und ein Teil meiner Sinne abhandengekommen. Hallo Großhirn, schnell wieder in den Realmodus, sonst bekommt das Schwein gänzlich Oberwasser!

Ich habe ein paar Tropfen Urin verloren, da deutet sich was an. Ich halt's nicht mehr aus. Ich muss was tun. Also wiederhole ich noch einmal, dass ich keine Komplizen habe und dass ich ihm jetzt auf seinen kommunistischen Holzstuhl scheiße oder pisse. Daran könne er sich wärmen, wenn ich aufgestanden bin! Das letzte Wort hat meine Stimmbänder noch nicht verlassen, als ich im selben Augenblick spürte, dass alle Lichter dieser Welt auf einmal angehen. Genauso schnell wird es aber auch wieder dunkel. Das Schwein hat mir vor den Brustkorb getreten oder geschlagen, keine Ahnung. Es ging zu schnell. So schnell ist doch keiner oder nehme ich nichts mehr wahr? Ich bin so müde und nun kommt auch noch dieser höllische Schmerz dazu. Ruhig atmen, denke ich, aber es geht irgendwie nicht. Ersticken? Ohnmächtig! Warum kann ich nichts sehen? Mit viel Mühe registriert mein Höhenmesser einen Fall und der innere Kompass zeigt eine Richtungsänderung an. Abwärts! Richtung Boden und weil meine Hände mit den Handschellen noch immer hinterm Rücken festgezurrt sind, schlage ich mit dem Kopf zuerst auf.

Das ist nun schon der dritte Tag und der Dreckskerl weiß sich zu steigern. Dann verweigert mein Ich den Dienst!

Als mein Körper wieder auf aktiv umstellt, geht es ganz schnell. Eine Tür öffnet sich, meine Arme fallen nach vorn. Angenehme Kühle pflegt meinen Kopf. Noch ein Schließgeräusch und … ahhh ... huu ... Ruhe! Ich lebe noch. Schlafpause. Kaum zu glauben. Drehe meinen Körper auf den Rücken. Schlafen geht doch nicht, weil mein Bewegungsapparat mit aller Kraft Reparaturarbeiten durchführt und dabei vergisst, die Schmerzen abzuschalten. Verdammte Scheiße, was geht hier nur ab? Dass es so schlimm wird, hätte ich nicht geträumt. Ich muss lachen und dabei rinnen mir die Tränen über mein Gesicht. Die Glühlampe im Käfig über mir versucht, helle Punkte auf meine Linse zu brennen. Sorry, Franky, aber es ist gerade mal vollscheiße. Genau 12 Uhr hinter mir ist ein Fenster ohne Licht, eines dieser Knastfenster, wo von außen noch ein Blech davor geschraubt wurde, um Tag und Nacht nicht hereinzulassen. An der Wand klebt eine Pritsche, zusätzlich gesichert durch einen handgefeilten Metallzapfen, der durch eine Mittelbohrung mit einer zusätzlichen Sicherung versehen wurde. Egal, ich würde es eh nicht bis zur Pritsche schaffen. Soll sie weiter an der Wand peppen. Etwa 20 cm vor meinen Füßen ist ein Gitter. Die Tür im Gitter steht offen. Ist das schlampig oder muss das so sein?

Dann erkenne ich im faden Licht, wie aus einer Halbwelt der Fantasie eines ewig Irren entsponnen, noch eine Tür. Es fällt nicht leicht, eine Entscheidung zu treffen, ob dies hier alles real ist oder ob ich selbst dieser Irre bin. Surreal wie ein Bild von Dalí. Was für ein Vergleich! Kommunistenscheiße mit Dalí zu vergleichen. Entschuldigen Sie Don Salvador Felipe Jacinto, es ging gerade mit mir durch. Oder besser mit dem Scheißkerl, der das hier zu verantworten hat. Immer wieder nur Scheißkerl! Scheiß...

Da sind ein Waschbecken und ein WC zwischen der Tür und dem Gitter mit der offenen Tür. Männer auf, bringt den Dreck weg, denke ich! Alles knarrt an meinem Körper, irgendetwas zieht mich wie nach innen zusammen. Das Klo muss warten. Embryostellung! Es hilft auch ohne Käseschmiere und dem schützenden Ozean der Fruchtblase. Allein die Erinnerung aus den unergründlichen Weiten des Unterbewusstseins macht's.

Ich habe kein Zeitgefühl mehr und stelle gleichermaßen fest, es ist egal, ob mir bekannt ist, wie spät es jetzt sei. Ich bin gefangen, allein, und es wird mich auch keiner nach der Zeit fragen. Wichtiger ist der Druck aus meinen unteren Körperöffnungen. Keine zwei Meter bis zum WC. Was für eine Sauerei! Egal, geschafft, kann mich entleeren, dabei greift meine Linke bis zum Waschbecken. Erleichterung in jeder Hinsicht, es gibt Wasser. Nun wirds noch mal peinlich, denk ich so, als ich die Schließer höre. Die Tür geht auf, ich habe nur mein verschmiertes Hemd an und die Hose hängt, weil stellenweise nass, am Gitter. Ich bin meine Unterhose am Auswaschen, genau in diesem Moment kommen die Schergen wieder.

„Zieh dich an“, bölkt ein Uniformierter mir zu und erinnert mich kurioserweise an eine Kuckucksuhr.

„Entschuldigung, einen Moment“, erbitte ich, „Sie sehen doch, Herr … ich kenne Ihren Namen nicht.“

Wie dumm von mir, patsch, klatscht ein dunkles Etwas links unter meine Schulter und hebelt mich Richtung Gitter.

„Anziehen!“, wiederholt der Kuckuck.

Mit nassen Klamotten geht es wieder zum Verhör. Ich bin jetzt schon wieder fertig, aber gleichzeitig gespannt, wie es diesmal abläuft. Die killen dich nicht. Die brauchen dich, weil sie so viel Spaß mit dir haben. Vielleicht glauben die ja an die große Verschwörung. An den Fluchtfall ihres Lebens. An Beförderung. Auszeichnung! Arthur-Becker-Medaille und Handschlag von ihrem Papa Oberkommunistenverbrecher Honecker. Was für ein teuflisches Spiel und diesmal mit hellem Licht! Alles ohne Zeit, weil mein Zeitgefühl noch nicht zurück ist.

Da bemerke ich, hm .... ohne Handschellen. Ja, sogar ein anderer Verhörscheißkerl! Einer mit leiser Stimme und vermeintlich guten Absichten. Ha, neuer Stil, neues Glück! Wieder kein Schlaf, da wiederholt sich doch etwas. Die Fragen der leisen Stimme kommen bei mir nicht an. Und Dokumente, ich kann nichts erkennen. Er zeigt sich geduldig mit mir. Appelliert an meine Vernunft, was keine Kunst ist, bin ich doch der einzig Vernünftige im ganzen Land.

Die Zeit, die mir nicht bleibt und für mich nicht da ist und irgendwo, so hoffe ich, aufgespart wird, verrinnt. Sie rauscht in Wirklichkeit unwiderruflich an mir vorbei!

„Zahlreiche Untersuchungen haben ergeben, dass die Psyche nur bis zu einem ganz bestimmten Punkt belastbar ist. Ich nenne ihn den seelischen Siedepunkt. Sobald die Grausamkeit, die man dem Körper oder Geist zufügt, zum Beispiel während einer Folter, diesen Siedepunkt überschreitet, entkoppelt sich der Leidende von der Realität. Er flüchtet in ein anderes Ich, in dem er die Schmerzen nicht mehr ertragen muss."

Sebastian Fitzek

Verzeih dem Schlagstock

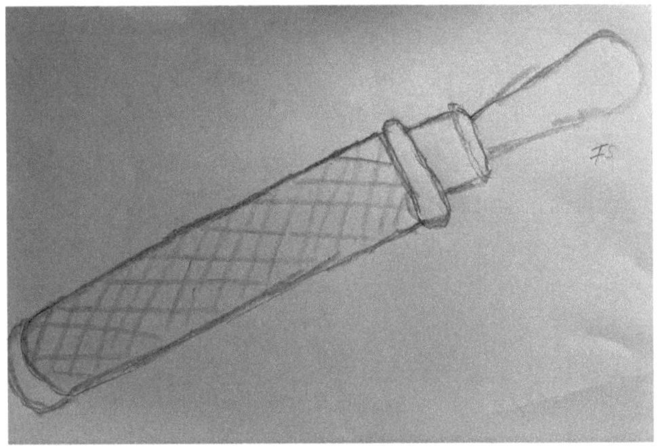

Schreibe ich heute das Wort Schlagstock in meinen Rechner auf einer Suchplattform, so habe ich im Internet als ersten Vorschlag Shopping-Ergebnisse für Schlagstöcke und kann da diverse Modelle kaufen.

Kaufen möchte ich keinen, aber der hier angebotene STASISCHLAGSTOCK, ausziehbar auf 38 cm, ist mir bekannt. Übrigens ist es in Deutschland keine verbotene Waffe! Zuerst war es ein Rätsel, wie mir ein Wärter mit bloßer Hand so einen festen Schlag von hinten auf mein unteres linkes Rippenstück versetzen konnte. Vielleicht ein geübter Handkantenschlag, dachte ich noch, da ging ich schon zu Boden. Mir blieb die Luft zum Atmen weg. Ich hatte keine Möglichkeit, mich umzudrehen, und wollte nur noch Luft holen! Warum das alles? Nur weil ich gesagt hatte, dass ich ihm verzieh und „die Gedanken sind frei" und noch einen Satz! Die Wahrheit tut meistens weh, darum will sie so selten gehört werden. Die Zeilen aus dem alten deutschen Volkslied hatten mir im Knast schon so viel Ärger bereitet, aber gleichzeitig meinen Akku mit Energie gefüllt.

Die Gedanken sind frei, wer kann sie erraten? Sie fliegen vorbei wie nächtliche Schatten. Kein Mensch kann sie wissen, kein Jäger sie schießen mit Pulver und Blei: Die Gedanken sind frei!

Und sperrt man mich ein im finsteren Kerker, das alles sind rein vergebliche Werke. Denn meine Gedanken zerreißen die Schranken und Mauern entzwei, die Gedanken sind frei!

Worte eben, die Menschen, deren Argumente Gewalt sind, nicht verstehen. Also raffte ich mich wieder auf, der Unbekannte hinter mir schrie, ich solle mich beeilen und meinen Mund endlich halten. Na, wenigstens hatte er Mund gesagt, dachte ich und lief wie befohlen in das Gebäude und dann noch einen Gang entlang.

Hinzufügen muss ich allerdings, dass mich immer mal ein Schlagstock traf, wenn ich zum Beispiel meine Hände nicht aus der Tasche nehmen wollte, weil es ohne Handschuh bei minus 10 Grad zu kalt für meine Hände war. In einer ähnlichen Situation fragte mich ein Aufseher, was ich mir glaube, erlauben zu können und was ich eigentlich denke. Ja, klar, „die Gedanken sind frei!“ Den Rest hatte ich bereits beschrieben.

Die Strafvollzugsanstalt in Halle war eigentlich ein Jugendknast. Überwiegend kleine zierliche weißhäutige Buben, die irgendwie nicht mit den Gesetzen des kommunistischen Regimes konform gingen. Kleinkriminelle, Jugendliche mit pubertärem Ungehorsam, Streuner, Schwule, einfach all das, was nicht mit Halstuch und Blauhemd die DDR-Fahne hochhielt, wurde hier weggesperrt und „umerzogen“! In diesem Knast hatte man extra einen großen Plattenbau frei gemacht, um politische Straftäter wegzusperren.

Bevor es in den Trakt für Politische ging, kam man in ein, ich sag mal, Vorsortierknästchen. Da musste auch ich, genau wie all die, die aus politischen Gründen hier inhaftiert wurden, durch. Es ging in eine Zelle, die mich an meine Militärzeit erinnerte. Ein langes schmales Zimmer, kaum zwei Meter breit, mit drei Doppelstockbetten auf einer Seite, Militärbettwäsche, Waschbecken, ein Tischlein, drei Holzhocker und einem Scheißplatz.

Den Scheißplatz gab es beim Militär so nicht, dort sind wir auf die Toilette gegangen und das Zimmer war breiter. Auch die Türen waren dort offen und nicht wie hier fest verschlossen. Ich sage Scheißplatz, weil dieser Pott so alt und benutzt aussah, dass man es nicht besser beschreiben kann. Dort, wo der Mensch seine Arschritze ans hintere Teil der

Klobrille drückt, hatten sich die feuchten Fäkalien Tausender Strafgefangene als ewige Erinnerung tief eingeätzt. Dies ist aber auch Teil einer anderen Geschichte, denn hier ging es ja um den Schlagstock. Wie mir später auffiel, gab es einen Schlagstock, der nur handgroß als Griffstück zu erkennen war. Etwa 18 cm lang. Aus dem Griff konnten die geschickten Schläger schnell und im Handumdrehen einen ca. 38 cm langen Knüppel zaubern oder besser herausschnellen lassen. Dieser, richtig eingesetzt, erzeugte einen stechenden Schmerz und eine längliche Rötung auf der Haut des Getroffenen. So ein Stock hatte mich am Rücken getroffen. Von wegen Handkante, die machten sich die Hände so nicht schmutzig.

In dieser Zelle nun wurde ich mit weiteren fünf Strafgefangenen sicher verschlossen. Es gab sogar ein Fenster zum Innenhof der Einrichtung. Dieses Fenster wurde nur mit Gittern gesichert. Ein Luxus. Ein Fenster zum Durchsehen! Diese versiffte Sortierzelle, so erinnere ich mich, war durch Massen von Kakerlaken besiedelt. Diese Kakerlaken zogen es überwiegend nachts vor, im Zellentrakt unterwegs zu sein. Das war ihre Zeit, um überall in der Zelle nach Essbarem zu suchen. Merkwürdig war das schon, denn was wollten die hier finden? Sie machten auch nicht vor unseren Betten halt. Unangenehme zwei Nächte voller Ekel, dann wurde ich auf einen Gemeinschaftstrakt ins Hauptgebäude verlegt. Meine Mitgefangenen nannten sich, die „Pellis". Eine Abkürzung für die Strafgefangenen, die im Kartoffelschäldienst ihre Arbeit verrichten durften. Ich empfand das später als eine sehr privilegierte Tätigkeit! Ich schweife wieder ab.

Die eigentliche Geschichte zum Schlagstock war aber folgende.

Wie jeden Tag mussten wir von unserem Arbeitsplatz, im gutformierten Quadrat, zur Arbeit und nach der Arbeit wieder zurück in den Zellentrakt marschieren. Angeführt wurden wir Politischen dabei von einem schwerstkriminellen Straftäter, der in der Hierarchie des DDR-Knasts über uns stand. Das war von den Aufsehern und vom politisch diktatorischen Regime so gewollt. Sich gegen den Staat der DDR zu äußern, war für die Genossen die schlimmste Straftat. An diesem besagten Tag des Schlagstocks war es draußen bitterkalt. Es war so ein Tag, wo die Sonne sich hinter warmen Wolken versteckt und die Kälte mit aller Kraft auf den Boden gedrückt wird. Den Erdboden, auf dem wir eingesperrten Menschen uns bewegten, kühlte ab, so wie dieses menschenverachtende Regime abgekühlt war.

Wir kamen zurück vom Kartoffelschäldienst. Nach so einem Dienst waren die Hände vom Schälen durch Nässe und Kartoffelstärke durchgekühlt und rissig wund. Kartoffelschäldienst hieß auch, irgendwann nachts geweckt zu werden. Ab in den

Massenwaschraum, frisch machen, dann anziehen und im Gang antreten. Zählappell! Warum die uns immer gezählt haben, ist mir bis heute nicht schlüssig. Könnte mich nicht erinnern, dass aus diesem Knast einer fliehen konnte, hier wurde doch alles mit Schusswaffe bewacht. Danach ging es im Gänsemarsch oder eben hintereinander geordnet aus dem Gebäude. Draußen wieder antreten und Marsch, Marsch, zur Schälküche. In der Schälküche durften wir ca. sechs bis acht Stunden Kartoffeln, Rüben oder Kohl schälen. Immer abhängig vom Bedarf und von der Geschwindigkeit, wie schnell wir den Bedarf an geschälten Kartoffeln erfüllt hatten. Manchmal raspelten wir auch Karotten oder schälten andere Knollen, die aber trotzdem nicht auf unserem Mittagstisch zu finden waren. Zwischendurch gab es mal Raucherpausen. In einigen Raucherpausen fühlte man ein Stück Freiheit. Das Gefühl kam so, weil wir schon mal bei gutem Wetter, genehmigt von einen Menschwerter, auf der Rampe abhängen durften. So ohne Bedrohung und ganz sinnlich nachschauen, wie der Qualm der Zigarette in die weite Welt zog, ein erhebendes Gefühl in dieser unwirklichen Welt. Ja und da war die unendliche Kraft der Sonne, die sich schnell tief ins blasse Gesicht brannte und zum Träumen verleitete.

Heute, der Tag, von dem ich nun endlich erzähle, war aber ein anderer Tag. Kalt, eher frostig, dunkel und angepasst an unser inneres Empfinden. Trostlos! Nach so einem Arbeitstag waren durch die Kälte und die Feuchtigkeit am Schälband unsere Hände immer noch steif, die Klamotten nass, die Füße nasskalt. Die Stärke, welche die schmackhaften Knollen beim Schälen abgeben, machte, wie bereits beschrieben, die Hände zusätzlich rissig und dadurch natürlich noch kälteempfindlicher. Dieses Mal wollten sie sich nicht erwärmen. Es war auch nicht möglich, weil der Rest des Körpers auch kalt war und so das eisige Blut aus den Händen nicht aufwärmen konnte. Fuck, dachte ich noch so. Den Aufseher mit Handschuhen und Pelzmütze sowie dem knastkriminellen Anführer mit seiner Wattejacke wird's doch auch kalt sein und so dürfte es ohne Extrarunden doch mal schnell zurück in den Trakt gehen. Keine Sonderrunden um den Marschierplatz. Hoffentlich! Sonst? Ja, die gut gekleideten Aufseher und die mit guter Kleidung privilegierten Kriminellen hatten es an solch kalten Tagen leicht besser, sie trugen gut bewährte Ostindustriekleidung.

Die Arbeiter in der Ostindustrie hatten für den Winter blaue gesteppte Wattejacken. Dazu Filzstiefel und eine Mütze russischen Vorbilds mit Fellansatz. So was trugen die kriminellen Blockführer auch. Wir Politischen hatten dagegen Halbschuhe, ausgediente Naziuniformen ohne Metallknöpfe und ohne die entsprechenden Rangabzeichen. Da durfte man mal lächeln. Hose, Hemd, Jacke, Schiffchenmütze aus NVA- und Wehrmachtszeiten, fertig! Ales noch zur Ostindustrie hergestellt, wenn man von Industrie überhaupt sprechen kann oder, wie gesagt, aus alten Nazibeständen übernommen. Ja, und die Ostindustrie war ja auch eher eine Volksverdummung mit Beihilfe zur kriminellen Erziehung. Geklaut hat da doch jeder!

Unser Oberkrimineller, der die Aufsicht über unseren Trupp vertrat und die Befehle der Aufseher weitergab, also uns kommandierte, meinte mit sichtlichem Vergnügen, dass wir weder ordentlich antreten noch ordentlich marschieren würden. Wir seien ein Sauhaufen und dreckige Staatsfeinde. Er hatte in dieser Hinsicht natürlich recht. Wir waren gegen diesen Staat. Es war eine Diktatur, menschenverachtend, nur auf das Wohl einiger weniger bedacht, und dagegen kämpften wir Politischen an. Der Sauhaufen stimmte insoweit, dass wir ja nur so sein konnten wie der Sauhaufen, der uns hier so einsperrte. Das Kommando kam aus seinem Maul, „Marsch, Marsch“. Unvermeidlich, wir drehten also doch Runden und weitere Runden im Karree des Knastinnenhofs. Ein schönes Quadrat sollten wir dabei bilden und immer im Gleichschritt bleiben. Beim Militär durften wir auch marschieren. Beim Marschieren und wenn sich alle noch so viel Mühe geben, waren ständig irgendwelche Passgänger dabei. Das sind die Menschen, die, wenn sie zum Beispiel das rechte Bein zu einem Schritt nach vorn bewegen, auch den rechten Arm mit nach vorn bewegen. Sieht lustig aus, ist aber beim Militär und auch im Knast unerwünscht und bringt den Trupp, den Rhythmus und das Bild durcheinander. Wir hatten genügend Passgänger, versuchten, sie geduldig zu kaschieren, und trotzdem, es funktionierte nicht. Andere Strafgefangene aus anderen Bereichen wurden befehligt, sich anzuschließen. Logischerweise funktionierte danach nichts mehr. Nach einigen Runden in der Eiseskälte hieß es plötzlich: „Kommando Halt! Stillgestanden! Alles rechts um, Augen gerade aus, Käppi ab!"

Hatte uns die Bewegung gerade noch etwas aufgewärmt, kroch nun schleichend die Kälte wieder in alle Körperteile zurück. Wir standen. Dabei gingen unser krimineller Handlanger sowie der Aufseher immer auf und ab. Er grinste dabei, ein Grinsen, das vom Aufseher erwidert wurde. Andere Aufseher standen im Kreis und unterhielten sich, bliesen ihren Atem sichtbar in weißen Dampfwolken sich gegenseitig ins Gesicht. Wie lange wir da so standen, weiß ich nicht mehr. Das stechende Gefühl in meinen Fingern ist mir aber noch stark in Erinnerung. Wie bei einem Automatismus glitten meine Hände in meine Hosentaschen. Die Mütze in der rechten Hand hing lässig aus der Tasche heraus. Das tat gut. Dabei drückte ich meine Handflächen glatt an meine Oberschenkel. Wenn diese etwas Wärme abgegeben hatten, ballte ich die Hände wieder zur Faust, um kein Mikro-Grad Celsius der so gewonnen Wärme zu verschwenden. Stechender Schmerz und ein Wohlgefühl wechselten sich noch ab, da bemerkte ich, dass meine Mütze heruntergefallen war. Sie lag direkt auf meiner rechten Schuhspitze. Egal, dachte ich, ich darf sie eh nicht aufsetzen. Also soll sie liegen bleiben. Wenn ich sie aufhebe, lenke ich die Aufmerksamkeit auf mich. Das ist nie gut. Ein Fehler, wie sich herausstellte. Dass meine Hände in meinen Taschen waren, hatte keiner bemerkt. Es war nicht erlaubt. Die Hände hatten an der Hosennaht ausgestreckt zu verharren. Nicht wie bei mir, bequem und wärmend in den Taschen.

Rechts von unserem Quadrat standen drei Aufseher. Einer hatte den Namen Stalin von uns bekommen. Nicht der Stalin, den man uns in den Grundschulen als Stalin, Gottvater über Osteuropa und kommunistischer Führer der Sowjetunion, verkauft hatte. Unser auf Stalin getaufter war mächtig und mindestens genauso brutal wie der echte Stalin. Er hatte die Macht über jeden Einzelnen von uns. Er war selbstherrlich, gewalttätig und menschenverachtend. Unser Stalin hatte sogar denselben Schnauzbart wie der Sowjet-Stalin, eine Minimax-Kopie, so schien es!

Dieser Aufseher Stalin löste sich aus der Dreiergruppe und kam auf mich zu. Er hatte bemerkt, dass mein Käppi am Boden lag. Noch ehe er den vor mir stehende Strafgefangenen zur Seite schieben konnte, schrie er los: „Strafgefangener, nehmen Sie die Hände aus der Tasche!“

Ich antwortete bemüht unbeeindruckt: „Es ist zu kalt, meine Hände schmerzen.“

Ohne Vorwarnung schnellte sein Griffstück, was er in seiner rechten Hand hielt auf die besagten 38 cm nach vorn und traf mich am linken Schultergelenk. Zwei bis dreimal klatschte der Knüppel auf dieselbe Stelle. Auch als ich mich zum Schutz und vor Schmerz nach vorn krümmte, schlug er Weitere zweimal derb auf die Schulter ein. Er hatte es erreicht, meine Hände waren aus der Tasche. Dann meinte er, dass ich mich wieder ordentlich ins Glied stellen solle, also auf meinen Platz in der Reihe. Ich sei ihm schon öfter aufgefallen. Würde mich nicht an die Regeln halten und besonders aufrührerisches Verhalten an den Tag legen. Es sei mal notwendig, dass mir auf diese Weise gezeigt wird, in welcher Lage ich mich befinde. Und die anderen, die glaubten, es mir nachtun zu müssen, sollten doch genau hinschauen, wie mit solchen wie mir hier verfahren wird. Dies schrie er mit hochrotem Kopf in meine Richtung. Dabei kam er nochmals ganz dicht an mein Gesicht heran. Ich konnte in seinen Mundwinkeln verschleimten weißen Speichel erkennen. Einfach ekelhaft. Mein kleines Aufführerisches Ich war noch immer nicht gebrochen ... als er mich fragte, was ich mir denn bei meinem Verhalten hier so denke. Das hätte er besser nicht fragen sollen, ich konnte einfach nicht anders und antwortete: „Die Gedanken sind frei!“ und dann setzte ich noch einen darauf: „Und ich verzeihe Ihnen die Schläge.“ Und schob dann, als wäre es nicht genug, noch die Frage nach, ob es ihm jetzt besser gehe. Sofort traf mich ein weiterer schwerer Schlag seines Knüppels auf die Schulter. Er hat es nicht verstanden, dachte ich noch, dann brach ich vor Schmerz zusammen. Ein weiterer Aufseher, der sich von hinten an mich herangeschlichen hatte, traf mich am letzten hinteren Rippenstück, was eigentlich die Niere schützt. Das war es, mein Ich schaltete ab.

Zwei Mitgefangene mussten mich zum Medizinischen Dienst bringen. Meinen Arm konnte ich kaum noch bewegen und die Schulter war inzwischen stark angeschwollen. Auf der Krankenstation der Strafanstalt wurde ich durch einen Strafgefangenen untersucht. Ob der wohl Arzt war? Ein Aufseher im weißen Kittel beobachtete die Prozedur und meinte dann kurz: „Salbe und Schiene“, was unmittelbar erledigt wurde.

Zwei Tage durfte ich im Med.-Punkt bleiben. Der Strafgefangene, der als Arzthelfer im Dienst war, betreute die Kranken Tag und Nacht. Einmal fragte er, ob ich von ihm einen geblasen haben wollte. Ich verneinte, da ich im Moment andere Sachen im Kopf hatte und mehr auf das andere Geschlecht stand. Er lächelte, informierte mich trotzdem noch nachdrücklich, dass ich ja wüsste, wo ich ihn finde.

Zwei Tage später konnte ich zurück auf den Trakt.

Stalin wartete schon auf mich. Zur Begrüßung durfte ich mit meinen Mithäftlingen Ziegelsteine in die obere Etage des Traktes und danach wieder zurück nach unten schleppen. Schläge oder Schleppen? Ich schleppte. Ein weiteres Mal würde ich den Schlagstock nicht verzeihen wollen.

Auf zweifache Weise wird die Gerechtigkeit verdorben: Durch die falsche Klugheit der Weisen und durch die Gewalt dessen, der Macht hat.
Thomas von Aquin

Endlose Reise in einer Zelle aus Blech

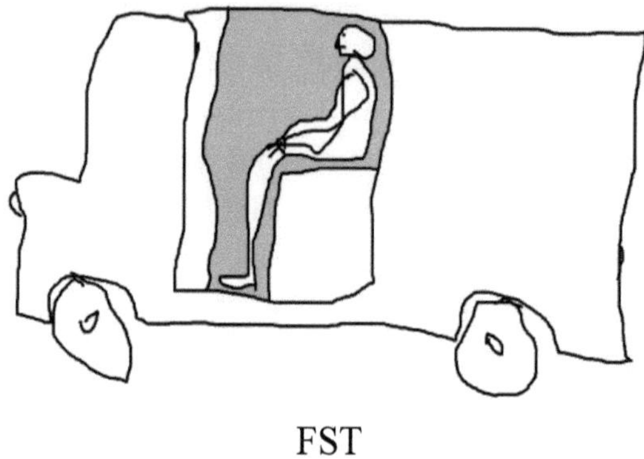

FST

„Endlos, Reise, in einer Zelle aus Blech“ steht für das Leben in einem Land, in dem neben der Predigt, die den Himmel auf Erden verspricht, doch Unterdrückung, Reglementierung, Bespitzelung und Verfolgung an der Tagesordnung standen. Fenster aus Blech eine symbolische Reise, die täglich in uns stattfindet, aber doch längst überholt sein sollte, doch sie finden noch immer statt.

Fensterblech, Türblech, Hocker klappbar, für mich alles aus Blech. Jetzt wieder langsam, zum besseren Verständnis. Als ich den Waggon betrat und durch einen schmalen Gang geschubst wurde, dachte ich, Frohnatur und wie immer und noch immer Positivdenker, an nichts Schlimmes. Dann ging eine schmale Tür auf und der Aufseher forderte mich auf, hineinzugehen. Ein Bahn-Klo war komfortabler als der Raum, der mir hier zur Verfügung stand.

„Handschellen bleiben erst einmal dran“, kreischte eine raue Stimme, löste die Knebelkette und die Tür verschloss sich mit dem Befehl: „Setzen.“ Ich saß knapp am Guinnessbuch der Rekorde vorbei geschrammt in der kleinsten Zelle der Welt. Die Zonis machten es möglich. Im Sitzen fehlten meinem Knie nur wenige Millimeter bis zur Wand vor mir. Mein rechter Arm lehnte an der kalten Außenwand des Waggons, wobei die linke Schulter an die Mini-Tür drückte. Später, beim Bremsen des Zuges, schoben sich meine Knie unter Schmerzen gegen die Wand. Ein krampfender Schmerz entstand, weil nach Stunden oder Tagen des Sitzens und der Bewegungslosigkeit jedes Muskelchen eingeschlafen, aber auch unterversorgt war. Wieder und wieder spielte Zeit keine Rolle und wo es hingeht, war nicht bekannt.

Nach einer Zeit, die keiner zu kennen schien, wurde diese Situation, die ich immer wieder bei jeder Verlegung erleben durfte, meist in einer Sammelzelle mit fünf bis sechs Mitgefangenen, unterbrochen. Es ging in einen Knast ohne Namen und jedes Mal brach die Nacht herein, alles so organisiert, dass, wenn das Volk schläft, diese Aktionen im Schutz der Dunkelheit von den Schergen umgesetzt werden konnten. Transport von U-Haft zu U-

Haft, von Gefängnis zu Gefängnis oder Strafvollzugsanstalt, Transporte zu Vorführung, zu Stasiverhören, zur Gerichtsverhandlung oder einfach so, erfolgte für männliche Strafgefangene immer in Handschellen und geführt wie ein Hund auch noch unter Zuhilfenahme der Knebelketten. Die Knebelkette hat an meinen Gelenken Spuren hinterlassen, die im Laufe meines Lebens verblassten Narben, kaum noch sichtbar, sind aber bleibende, tiefe, unsichtbare Verletzungen, die Wunden für meine Ewigkeit erzeugt haben. Eine Knebelkette wurde beschönigend auch Führungskette genannt. Sie ist nichts anderes als ein Fessel- und Folterwerkzeug. Sie wurde und wird bis heute zum Abführen von Gefangenen genutzt, damals in der Ostzone und weiter, wie gesagt, heute noch in Diktaturen, die die Menschenrechte nicht so genau nehmen. Und jeder, der dies erklären möchte, dass es manchmal notwendig sei, der solle sich doch mal in Knebelkette über einen Bahnhof schleifen lassen. Nichts davon ist notwendig, wir haben Sprache! Die Knebelkette besteht aus einer Kette aus Stahlkettengliedern, an beiden Enden mit einem T-förmigen Knebel, die zusammengedreht werden können, sodass sich die Kette, die um das Handgelenk der Gefangenen beim Führen oder eben zur Folter gelegt wurde, fester und fester in Haut und Fleisch bis auf die Knochen andrückt. Die Schmerzen sind immens und lassen auch nach dem Lösen der Kette nur langsam nach.

Diese beschriebenen Knebelketten waren in der Ostzone-DDR eine Standardausrüstung für den Strafvollzug, die Staatssicherheit MfS und für die Polizei.

Zurück zur Zelle aus Blech. Es gab in der Ostzone für die Strafgefangenen extra gebaute Transportfahrzeuge wie spezielle Kleinbusse, Barkas Wartburg B 1000, ähnlich wie der VW Bulli, W-50 Lkw, mit wirklich sehr kleinen verschließbaren Zellen, besser Verschlägen. Dass Menschen Luft zum Atmen brauchten, wurde in der DDR immer beim Thema Strafgefangene erst berücksichtigt, als man mit dem Bau von Zellen, Transportern oder Transport-Güterwaggons gerade fertig war. Man brachte noch schnell irgendwo einen Schlitz von 5 x 20 Zentimetern, mal kleiner oder bescheiden größer, an und das sollte reichen, schließlich wird ja ab und an auch mal die Tür geöffnet, da kann wieder Luft zum Atmen hereinströmen. Dadurch herrschte in solchen Zellen aus Blech auch ständige Dunkelheit, weil die Fenster zusätzlich geweißt oder von innen mit Blech verkleidet waren, sodass ein Hinaussehen aus der Zelle aus Blech ins Freie unmöglich war. Transporte, Verlegungen oder Fahrten zu Gerichtsterminen, Verlegung in andere Strafvollzugseinrichtungen erfolgten, wenn nicht im Barkas-B1000-Transporter oder im W-50 Lkw, im berüchtigten und unter DDR-Strafgefangenen gehassten sogenannten Grotewohl-Express. Hier handelt es sich um einen speziellen Reichsbahnwaggon, der extra für Strafgefangenentransporte so hergerichtet wurde, dass man möglichst viele Menschen auf engstem Raum transportieren konnte. Die DDR-Eisenbahn hieß ja weiter bis zum Fall der Mauer Reichsbahn, ein weiterer Bezug zu den Nazis, von denen sich die Ostzone nie recht im Verhalten und visuell distanzieren konnte. Dieser sogenannte Grotewohl-Expresse war der Gefangenen-Sammeltransport-Wagen der Deutschen Reichsbahn. Hier im Grotewohl-Express, mit Zellen aus Blech, wie ich sie nenne, konnten also bis zu 90 Gefangenen verlegt, transportiert werden. Der Grotewohl-Express war benannt nach Otto Grotewohl, von 1949 bis 1964 der erste Ministerpräsident der Ostzone DDR. Im Vergleich zu anderen Diktaturen und zu den Nazis gab es solche Zellenwagen vom deutschen Kaiserreich bis zu den Nazis. Die Nazis mussten dann bekannterweise auf Viehtransporter und Güterwagen umsteigen. Nach 1945 wurden verschiedene Wagentypen der Gattung Z = Zellenwagen für Gefangenentransporte genutzt. Zu Grotewohls Zeiten dann, 1963, wurden Magdeburgs Haftanstalt Sudenburg und Stasi-Magdeburg zur zentralen Transportleitstelle auserkoren. Durch das hohe Transportaufkommen, dass der Transportwagen ständig im Einsatz war und der Bedarf ständig anstieg, unterlag der Waggon starkem Verschleiß.

Das DDR-Innenministerium beauftragte die Deutschen Reichsbahn (DR) dann, vier weitere Gefangenentransportwaggons zu bauen. Besonders von 1980 bis 1986 waren neu hergestellte Grotewohl-Expresse ständig im Einsatz, sodass es sein konnte, dass in dem kleinen Land Ostzone-DDR täglich mehr als 300 Gefangene unterwegs waren. Die Bevölkerung erfuhr davon nichts. Die Zelle aus Blech war zum Beispiel neben kleineren Einzelzellen eine wirklich sehr enge Kabine von weniger als 3,5 qm für bis zu fünf oder sechs Gefangene. Wie bereits erwähnt, so zusammengepfercht dauerte solch eine Fahrt meist quer durch die ganze DDR mehrere Tage. So zusammengepresst und tagelang ohne Bewegung erreichte man dann als DDR-Gefangener stinkend, orientierungslos, ohne Zeitgefühl, erschöpft und müde die Strafvollzugseinrichtung als Zwischenlager oder die, in welcher man seine Strafe dann absitzen durfte. Da der Grotewohl-Express immer wieder zum Transport an reguläre normale Personenzüge angekoppelt werden musste, gab es an Bahnhöfen regen Rangierbetrieb, der die Insassen mächtig durchschüttelte. Der einfache Bürger bekam davon auch hier nichts mit, weil er meist nichts sehen wollte, aber auch weil die Waggons neben Blech und Gittern von innen außen einfach Milchglasscheiben hatten und, ja, wie ein gewöhnlicher Bahnwaggon aussahen.

Auch hier bleibe ich dabei zu erwähnen, dass ich meine Erzählung zum einen für das Erinnern, das nicht Vergessen niederschreibe, und zum anderen, dass sich bis gestern, heute und morgen nichts geändert hat, wie Menschen mit Menschen umgehen. Transporte in einer Zelle aus Blech waren aus Stasi-Sichtweise notwendig, die Gefängnisse der DDR waren logischerweise im ganzen Land verteilt und man erfuhr als Strafgefangener erst am Tag des Transportes und auch nur, wenn die Beamten es wollten, wohin die Reise ging. Manchmal erfuhr ich gar nichts und wusste auch nicht, wo ich gerade war oder in welchem Knast ich mich gerade befand. Nach welchen Kriterien die Gefangenen verteilt wurden, wurde den politischen Gefangenen nicht bekannt gemacht.

Ich sollte nach meiner Verurteilung in Gera nach Halle verlegt werden, was ich auch erst erfuhr, als ich in Halle angekommen war. Der von der Stasi organisierte Weg ging über Weimar, immer wieder Rudolstadt und drei weitere Nächte, ich weiß nicht wohin und wo. Die sogenannte „grünen Minna" holte mich vom Knast ab, das waren die oben beschriebenen Kleintransporter, und es ging zum Bahnhof Gera. Vorher musste man seine Zivilkleidung anziehen, immer die, die man am Tag der Verhaftung trug. Handschellen, selbstverständlich fest bis ins letzte mögliche Raster zusammengedrückt, und ab in die Minna. Bevor ich am Bahnhof aus dem Auto steigen durfte, wurde ich mit einem mir nicht bekannten Strafgefangenen zusammengekettet. Dazu verwendete man eine Kette. Beide sollten wir so auf den Bahnsteig laufen. Begleitet wurden wir von einem Polizisten, der vorweg ging und dem wir dicht zu folgen hatten. Ein Polizist machte an meinem rechten Handgelenk die beschriebene Knebelkette fest, an der er mich wie ein Schaf zur Schlachtbank führen konnte. Hinter uns waren zwei weitere Aufseher mit einem Hund und mit Maschinenpistolen bewaffnet. Ein Fluchtversuch wäre zwecklos, wurde uns mitgeteilt, da sofort von der Schusswaffe Gebrauch gemacht würde. Fluchtversuch in der Öffentlichkeit, dachte ich, um der Allgemeinheit zu zeigen, dass ich wirklich ein Krimineller bin und diese meine öffentliche Vorführung somit gerechtfertigt wäre? Blankes Entsetzen darüber war mir ins Gesicht geschrieben. Wenn mich hier einer kannte ... Es war dunkel und kaum jemand unterwegs. Wäre auch egal gewesen, in dieses Verbrecherland kam ich nicht lebend zurück! Trotzdem muss man sich mal vorstellen, wir schrieben das Jahr 1985 und befanden uns auf deutschem Boden! Der Arbeiter- und Bauernstaat machte alles besser, Menschenrecht, Freiheit, Würde, Gleichheit, Brüderlichkeit, die ganzen Worte, die dieses Regime in ihren Parolen verwendete. Perfide Heuchelei, kann ich da nur sagen!

Nach einer Ewigkeit die wir so auf dem Bahnsteig, sichtbar für alle die wenigen Passanten, standen, fuhr ein Zug ein. An einen normalen Personenzug waren noch Waggons angehängt, die wie Postwaggons aussahen. Da ist er, der oft beschriebene Otto-Grotewohl-Express, dachte ich in diesem Moment. Otto Grotewohl, der „Knastminister", weil das Transportsystem angeblich von ihm stammte, was wir aber besser wissen. Grotewohl hatte dies sicher noch aus seiner siebenmonatigen Knastzeit bei den Nationalsozialisten gelernt. Er fand es anscheinend zweckmäßig, was die Nazis da machten.

Der Zug stand nun und mit meinem an mich geketteten Begleiter musste ich einsteigen. Im Zug wurde mir die Knebelkette abgenommen und ich wurde von meinem Begleiter getrennt. Mein Begleiter kam in eine Zelle, die geräumig aussah. Es gab zwei Bänke, auf denen sich mindestens zwei oder jeweils drei Menschen gegenübersetzen konnten. OK, dachte ich, Zug fahren mache ich gern. Nur kam es, wie bereits erwähnt, anders. In diesem Waggon gab es noch die Abteile, die nur so groß waren, dass man sitzend mit den Knien an die gegenüberstehende Zugwand anstieß. Die Fenster waren vergittert und mit so dichtem Milchglas eingefasst, dass keine Sicht nach draußen möglich war, und es gab auch keine Möglichkeit, dieses Fenster zu öffnen. Die Bahnhofsdurchsage erzählte etwas von Dresden. Halle liegt aber woanders, dachte ich.

OK, kleiner Umweg. Ach, du Scheiße, dachte ich, kommt nach Dresden nicht Bautzen? Haben die gelogen, als ich ihre Wortfetzen, Halle, mitbekam? Bautzen, die Hölle an Strafvollzug. Oh je, was kommt hier noch?

Nach gefühlten vielen Stunden Fahrt durchs Nirgendwo durfte ich auf Toilette gehen. Der Wachmann hielt die Tür offen, der Zug wackelte über die Schienen und der Druck, den ich die ganze Zeit verspürte, wollte sich unter diesen Umständen nicht lösen. Letztlich funktionierte es doch und dies war gut so, weil es einmal dunkel wurde und wieder hell, Nacht und Tag, und ich diese ganze Zeit nicht aufs Scheißhaus konnte. Scheißhaus, so sah die Toilette aus, auch weil man wie gewohnt bei Ost-Zügen von diesem Klo nicht auf die Schienen sehen konnte. Nun befand ich mich auf einem sogenannten Sammeltransport. Diese gingen quer durch die Ostzone, also die DDR.

Ich sage immer wieder Ostzone, weil ich die DDR bis heute nicht als Staat anerkennen möchte. Es war eine russische Enklave.

Alle Gefängnisse in der DDR wurden mithilfe solcher Transporte angefahren. Gefangene wurden gebracht oder abgeholt. Die Fahrt erschien ewig. Mal spürte ich, wie der Waggon rangiert wurde. Deutlich vernahm ich das Ab- und Ankoppelgeräusch. Dieses Geräusch kannte ich noch zu gut. Nach meiner Ausbildung als Wirtschaftskaufmann noch vor meiner Militärzeit arbeitete ich als Rangierleiter in einer Kohlefabrik.

Irgendwann kam der Zug doch in Weimar an. Zwischendurch war ich eine Nacht aus dem Zug ausgeschlossen worden und übernachtete in einer Gefängniszelle. Keine Ahnung, wo das war. Zeitverlust, Orientierungsverlust, Redeverbot, Hunger, Durst, der Körper dunstete alle möglichen Flüssigkeiten und Gase aus, abartig! Nach jedem Ausschluss aus diesem winzigen Zugabteil schmerzten die Knie und der Körper war von der stundenlangen Unbeweglichkeit steif. Am schlimmsten quälte mich, wenn die Wärter zu faul waren, die Handschellen abzulösen, was sie eigentlich eh nicht durften. Dann schliefen die Hände ein und man meinte, jeden Moment durchdrehen zu müssen.

Jedenfalls war ich in Weimar angekommen, so hörte ich die Lautsprecherdurchsage und dass der Zug hier endete. Die Stadt der Dichter und Denker! Wie immer, mitten in der Nacht. Etwa 16 Strafgefangene stiegen mit mir aus dem Waggon. Wir mussten in Zweierreihe auf dem Bahnsteig antreten. Handschellen, Ketten und die Knebelketten hielten uns zusammen. Es befand sich um uns herum eine ganze Armee bewaffneter Polizisten mit Hunden. Echte Deutsche Schäferhunde, als Waffe gegen Menschen konditioniert, ließen keinen Ausfallschritt zu. Dann das Übliche, Grüne Minna und ab in den nächsten Knast. Weimar, zur Erinnerung,

„Dichter und Denker", war die Hölle. Alle Mitreisenden wurden in einen Käfig geschlossen. So eine Zelle, die, nach vorne offen, nur mit einem Gitter gegen Ausbruch geschützt war. Es fehlten zwei Pritschen. Dafür gab es zwei Decken mehr. Zum Glück ergatterte ich ein Bett, also eine Metallpritsche. Mich durchzusetzen, hatte ich schnell in Magdeburg gelernt. Sonst gehst du hier unter den Kriminellen ruck zuck unter! Waschen war Fehlanzeige, Zähne putzen, was ist das? Auf einem kleinen Tisch stand eine Blechkanne mit Tee und eine Plastikschüssel, in der sich Brotscheiben unter der Last des Eingesperrtseins bogen. Ein Gurkenglas, mit Marmelade gefüllt, das war wohl unser Mitternachtsmenü! Kakerlaken huschten an uns vorbei und es stank nach Bohnerwachs, nach uns und nach Angst!

Zwischendurch möchte ich noch einmal erinnern, dass ich hier keine Geschichte aus der NS-Zeit erzähle. Nein, in dieser Zeit wurde Gorbatschow Generalsekretär der KPDSU, Rock am Ring fand das erste Mal statt, im Indischen Ozean stürzte eine 747 ab, Großbritannien trat aus der UNESCO aus, Spanien und Gibraltar eröffneten wieder ihren Grenzübergang, der Sendemast des WDR in Bielstein stürzte um und, und, und!

Die Neuzehnhundertachtziger/-neunziger eben! Ich jedoch kam mir vor wie Papillon oder ein Galeerensträfling auf der Fahrt in die ewige Verbannung. Die Zelle schätzte ich mal auf etwa 6 x 6 Meter, die Betten waren zu drei übereinandergestapelten Betten aufgestockt. Es gab unendlich viele lehnenlose Hocker mit metallenen Rohrfüßen, einen Scheißpott und ein Waschbecken ohne Handtuch. Das war's für diese Nacht. Mir fielen in dieser Nacht die vielen gequälten Menschen aus dem KZ auf dem Ettersberg ein. Ganz in der Nähe von Weimar. Dort wurden wir mal als FDJ-Gruppe herumgeführt. Uns wurde erzählt, wie unmenschlich man hier mit den Insassen umging und dass es so was nie wieder unter dem Arbeiter- und Bauernstaat der DDR geben würde. Wenn man bedenkt, dass die DDR noch bis 1981 die Potsdamer Guillotine aus der Nazizeit nutzte oder Abtrünnige mit Genickschuss hinrichtete, stellte ich eine weitere Lüge dieses Regimes fest. Egal, wo es hinging, und egal, wie die Zwischenstation mit ihrer Knastzelle hieß, die Umstände waren überall gleichmäßig schlecht. Von den hygienischen Verhältnissen ganz zu schweigen.

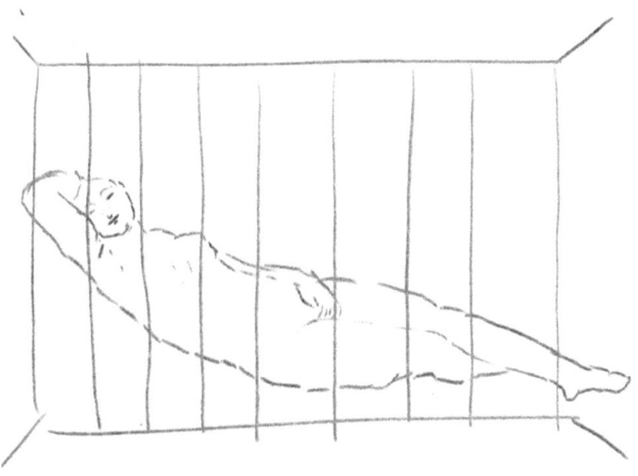

Mit etwas Glück bekam man mal eine Desinfektion und saubere Häftlingskleidung. Überwiegend stanken aber alle vor sich hin. Meine Haare klebten wie mit Pomade eingeschmiert an meinem Haupt. Unter den Achseln bildete sich eine schmierige Patina und mein Hintern war wund, weil ich seit einigen Tagen kein Papier mehr zur Verfügung hatte. Bat man um etwas, bekam man oft die Antwort, „wofür?“ oder „später!“ und dann kam nichts. Viele Reisen fanden in dieser Zelle aus Blech statt. Keine davon war notwendig, da ich doch nur auf ungewöhnliche Weise von Leipzig im Intercity nach Köln fahren wollte und dummerweise wie immer das alte Schweizer Taschenmesser, ein Geschenk meines Großvaters, dabeihatte.

Freigang

Erst als ich bereit war, zu sterben, konnte ich das Wort Freiheit richtig aussprechen.
Franky Hollyday

Mit unergründlicher Unregelmäßigkeit und nach Belieben und Wetter konnten wir zellenweise oder mit anderen Zelleninsassen oder auch Einzeln zum Freigang rausgeschlossen werden. Ein System oder eine Regel, irgendetwas Verlässliches war dabei für mich nicht zu erkennen. Nur die Zeit schien dieselbe zu sein, was nicht bedeutete, dass auch deine Zelle aufging. Es ging hinaus aus der Zelle, mit mal viel, mal weniger Geschrei der Aufseher, mal hektisch, dann aber auch mal ruhiger, ganz unterschiedlich nach den Launen der Wärter oder wer gerade Dienst hatte. In der U-Haft waren es meist wenige

Schritte im Kreis an einer meterhohen Mauer entlang, immer den vergitterten Himmel als einzig Natürliches im Blickfeld, wenige Minuten im Kreis laufen. In „Tigerkäfigen“, so wurden die Gänge genannt, hieß es Mund halten, Abstand halten und schnell wieder rein. Meist waren die Zellen dann durchwühlt, einiges lag auf den Boden, aber wir waren draußen und konnten unverbrauchte Luft aufnehmen, die ganz anders roch als die miefige Zellenluft. Ja, tiefe Züge frischer Luft, die so ganz anders roch? Vage Erinnerung, weil der Geruchssinn im Eigentlichen sich bereits zurückentwickelt hatte. Was ist das hier und was bewegt den Menschen, solch einen Irrsinn zu organisieren? Das dachte ich damals immer wieder, obwohl die Geschichte zeigt, dass es immer und zu jeder Zeit möglich war, ist und bleibt.

Im Vollzug, also nach der Verurteilung, sieht der Freigang anders aus. Meist wird marschiert oder in einem Quadrat von Menschen herumgestanden. Wir als Pellis, also Kartoffelschäler, hatten manchmal, wenn wir besonders schnell fertig waren, einige Minuten Zeit, vor der Rampe herumzusitzen, eine Zigarette zu rauchen und zu träumen. In der Regel war sogenannter Freigang aber immer reglementiert und massiv eingeschränkt sowie strengstens bewacht.

Bei einem Freigang in der U-Haft Rudolstadt, den ich einzeln machen sollte, rief mir ein Mitgefangener, der auf dem Anstaltsflur in Handschellen stand, noch nach, dass ich jetzt erschossen werde. Ein Wärter schlug ihm mit dem Knüppel auf den Rücken und mir wurde die Tür zum Tigerkäfig aufgeschlossen, den ich bis dahin noch nicht kannte. Mein Leben spulte sich in schnellen Bildern vor mir ab, mir wurde schwindelig, ich dachte, ich muss sterben. Natürlich war es Freigang, aber selbst so ein Satz von einem Idioten, der wohl, zu einer unendlichen Zeit bestraft, neidisch auf mich war, dass ich an die Luft durfte, schaffte wieder etwas graues Haar an mir.

Knast ist wie Herzfressen oder wer frisst mein Herz

Während meiner Inhaftierung als Republikflüchtling in der Ostzone wurde ich in verschiedenen Hafteinrichtungen untergebracht. Gera, Rudolstadt, Magdeburg, Weimar, Halle, Karl-Marx-Stadt usw. In der Haftanstalt Halle befanden sich einige politische Gefangenc, mit denen es sich gut philosophieren ließ. Es war beachtlich, wie unter einer Ausnahmesituation die gepeinigten Opfer noch immer stilvoll, kulturell und intellektuell kommunizieren konnten, soweit das in meiner Erinnerung als Gedanken realistisch erinnert wird. Mir hatte dabei ein Mitgefangener eine interessante Geschichte frei erzählt. Heute weiß ich, dass die Geschichte an das Gedicht von Stephen Crane angelehnt war. Aus dem Gedicht „Das Herz“. Er konnte sich an das

Buch und den Autor nicht mehr erinnern. War aber in diesem Zusammenhang, Mensch und Knast, so interessant, weil ich nicht genau sagen konnte, wer am Ende eigentlich sein Herz frisst. Sind es die unberechtigt inhaftierten Strafgefangenen oder gar die Aufseher selbst? Aber erst einmal die Geschichte frei wiedergegeben:

Ein Freund wanderte aus seinem Wohnort in die Welt hinaus. Es war ihm zu eng in seiner Heimat geworden. Er spürte nur noch den Mief und die stickige Luft, die die Menschen um ihn herum verbreiteten. Sein Leben wurde in dem von ihm als bedrückend gefühlten Zuhause so unerträglich, dass er sich entschied, Abschied zu nehmen. Er wolle und müsse etwas ändern, er müsse wenigsten seinen Horizont erweitern und so ging er fast schon befreiend los. Am schlimmsten so empfand er, dass seine Gedanken in Erinnerung beim Gehen wandelten, am schlimmsten waren die geballte Dummheit dieser klebrigen Menschenmassen, die Dummheit und der Drang, sich sinnlos massenhaft zu vermehren. Er glaubte, je vermeintlich gefühlt „sicherer und zivilisierter" eine Gesellschaft wird, desto dümmer geben sich ihre Menschen. Er konnte spüren, wie es immer näher an ihn herantrat und die Dummheit auch ihn ergreifen wollte. Je freier es ihm suggeriert wurde, desto enger wurde es um ihn herum und die Reglementierung, die Fremdsteuerung und dazu, dass zumeist ein anderer für seinen Nächsten die

Wahl übernimmt, es wurde ihm immer deutlicher. All dieses und auch weil ihm auffiel, dass er im gewohnten Umfeld wieder und wieder auf dieselben Menschen stieß, ließ ihn seine Entscheidung mit Leichtigkeit tragen, ja genau aus diesem und vielen noch anderen Gründen hatte er sich mit seinem Fortgehen aus den Zwängen lösen wollen müssen. Endlich möglichst viele interessante Orte zu besuchen und anderes kennenzulernen, stand ihm im Sinn. Einige Versuche, sich selbst zu ändern, damit sich etwas ändert, brachten neue Probleme, die all das vorher Beschriebene nur noch verstärkten, und so beschloss er folglich, noch weiter als nur in Gedanken oder Träumen wegzugehen. Der Freund ging und ging weiter und weiter, aber er traf doch wieder nur die gleichen Menschen und dies noch mit den immer selben Strukturen. Meist traf er sogar Menschen mit gleichen Gesichtern, eines freundlich vorn am Kopf und eines kaum sichtbar, aber böse blickend und hässlich hinten am Kopfe. Er musste also noch weiter, um sich zu befreien, noch weitergehen, was er auch tat, und so schaffte er es bis an den Rand der Wüste.

Als er dann einige Zeit in völliger Abgeschiedenheit so vor sich hingegangen war, sah er unter einem völlig verdorrten Baum ein zerzaustes Menschlein sitzen. Er beobachtete diesen merkwürdigen Gesellen dabei, wie dieser etwas aß. Der Zerzauste sah nicht auf zu ihm. Auch als er bereits dicht vor ihm stand, schaute das Wesen nicht auf. Dieses offenbar unglückliche Etwas Menschlein oder der vom Leben Gezeichnete ließ sich von der Anwesenheit des Freundes nicht stören und biss weiter kräftig große Stücke von einem roten Etwas ab. Auf die Frage des Freundes, was er denn da esse, antwortete der Mensch: „Ich fresse mein Herz!“ Der verunsicherte Freund fragte den Menschen, ob es denn schmecke, sein eigenes Herz, und warum er sein eigenes Herz fresse. Darauf antwortete der Mensch: „Ich fresse es, weil es bitter schmeckt, und ich fresse es, weil es mein Herz ist!“ … „Ich esse es, weil es bitter schmeckt und, weil es mein Herz ist!“

Das gab dem Freund, den die Worte hart trafen, sehr zu denken. Auch Fragen drängten sich auf. Was ist, wenn ich einmal so weit komme würde? Und kann das überhaupt sein, dass jemand sein Herz frisst? ... verstörend … keine Antwort ... aber er ging weiter.

Diese kleine Geschichte, die mir so oder ähnlich erzählt wurde, steht wie gesagt so eng mit der Ostzone, dem Zonenknast in Erinnerung, dass ich sie schon oft erzählt habe. Immer Nachdenken bei den Zuhörern erzeugend. Fressen wir nicht alle an unserem Herzen? Sagen wir nicht alle, es ist bitter, aber es schmeckt? Schade, dass ich die Namen vergessen habe von den Menschen, die mit mir in politischer

Haft und in dieser Zwangssituation waren. Wir hätten sicher noch die eine oder andere leise Geschichte auf Lager!

Nach Halle bin ich im Übrigen erst gekommen, als ich nach Ostzonenrecht auch rechtskräftig verurteilt war. Es brauchte also ein Urteil, dazu ein Gerichtsverfahren, um Menschen mit einer anderen politischen Meinung oder Menschen, die irgendwie das Land verlassen möchten, zu verurteilen. In der Untersuchungshaft, von der ich hier ausreichend über Repressalien erzähle, bekam ich eine Woche vor den Gerichtstermin die Anklageschrift in meiner Zelle ausgehändigt. Ich bekam etwas Zeit, um zu lesen, aber dann kam ein Schließer und hat mir die Anklageschrift sofort wieder abgenommen. Nach dem Gesetz stünden mir hierfür ein Anwalt und die Möglichkeit zu, dass ich im Strafgesetzbuch der Ostzone, also der DDR, über die mir zur Last gelegten Straftaten nachlesen konnte. Es war anders, wie bei so vielem, an was dieser Verbrecherstaat sich nicht hielt.

Zwei Tage vor dem Gerichtstermin bekam ich Besuch von einem Rechtsanwalt, ein echter Lichtblick. Es handelte sich, so erinnere ich mich, um einen Mitarbeiter, Anwalt der Rechtsanwaltskanzlei Vogel, aus der Reiler Straße 4 in Berlin-Marzahn. Die Kanzlei Vogel Vogel mit seiner zweiten Frau Helga Fischer, die, aus dem Westen stammend, als

Sekretärin in der Kanzlei arbeitete, wurden von vielen Institutionen hofiert und honoriert. Da waren die Gelder von der Stasi, die Bundesregierung, die ihm im Jahr mehr als 300.000 DM zahlte und die Arbeit für die Ostzone an sich, um die Freikäufe zu organisieren, die auch noch mal sicher eine Million DM einbrachten. Alles verdientes Geld, was dem Mann und seiner Familie zustand, weil er gescheit die Eitelkeiten der Machthaber ausnutzte, um humanitär etwas für politisch verfolgte Menschen zu tun. Dabei hatte er viel Geld verdient und das war gut so. Ordentlich Geld verdienst du nur, wenn du einen ordentlichen Job machst.

Wow, das frisst gerade alles an meinem Herz, was ich hier schreibe. Manchmal bleibt in mir der Eindruck, dass das Menschlein, was sein eigenes Herz frisst, nichts anderes als das Spiegelbild von dem Menschen ist, der gerade auf das Menschlein schaut. ICH!

„Manchmal sind Wörter wie Glasscherben im Mund. Schweigst du, tut es weh. Sprichst du, fängt es an zu bluten."

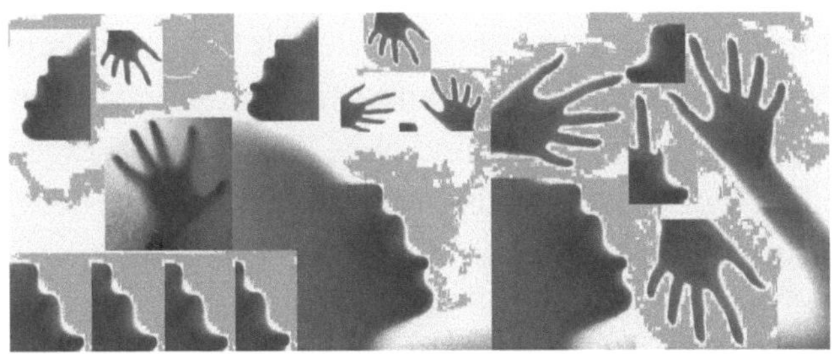

FST

Also blute ich weiter und erzähl noch, dass dieser Anwalt, dessen Namen ich nicht mehr weiß, mir mitteilte, dass es nun über einen holländischen Mittelsmann, den ich auf der Leipziger Messe kennengelernt hatte und dessen Freundin Gerda, die mich wohl sehr mochte, ein Kontakt über das Westberliner Anwaltsbüro von der Schulenburg hergestellt worden sei und ich so nun Hilfe bekomme. Dann erzählte er mir, wie ich mich zu verhalten habe. Keinen Hungerstreik, keine aufrührerischen Worte, leise das Leben im Vollzug ertragen, Knastarbeit verrichten und so weiter. Bei der Verhandlung solle ich das Gericht respektieren und eine Haltung dazu bestätigen, dass ich das Land verlassen und dabei niemandem schaden wolle. Klar wurde man als Republikflüchtling ja zum Schutze der Öffentlichkeit festgesetzt und verfolgt.

Bevor also das Urteil gesprochen wurde, kam es zu dieser Verhandlung, eine einzige Farce, da nur ein Vertreter der Staatsanwaltschaft, ein Richter, zwei Schöffen, ein Vertreter der Verteidigung, ein Aufseher und ich anwesend sein durften oder waren. Hier wurde zügig und ohne dass ich bei Fragen einen einzigen Satz aussprechen durfte, festgestellt, dass mein Verhalten und meine Einstellung krimineller Absichten unterliegen und ich dem Volk der DDR Schaden zufügen wollte. Der Nachweis für meine kriminellen Motive und Absichten waren schnell erbracht, da als Beweis ja mein etwa 8 cm großes Schweizer Taschenmesser zur Waffe deklariert wurde und ich somit Republikflucht mit Waffe begangen hatte. Aliquid statt pro aliquo

Der Staatsanwaltschaft reichten diese zwei Tatsachen aus für eine Anklage, das Gericht erklärte diese Beweise auch als ausreichend, berief sich dabei auf Vernehmungsprotokolle und so waren alle mit der Verhandlung fertig. Wollte ich auf eine Frage etwas sagen, antworten, wurde ich vom Richter oder Staatsanwalt wiederum nach wenigen Worten unterbrochen, angeschrien und sollte aufstehen oder mich wieder hinsetzen, je nach Laune der Protagonisten. Dabei sollten gerade bei Gerichten Validität, Objektivität und Reliabilität die Haupt- und Gütekriterien für ein Urteil, für die Strafmaßfindung sein. Ich erinnere aber daran, dass es sich um die Judikative einer Diktatur handelte und hier eher ein Vergleich zu den Nazis treffender ist oder zu all den anderen Diktaturen auf dieser schon damals kaputten Welt. Eine wirkungsvolle Verteidigung war nie möglich, da die Vernehmungsprotokolle ja schon erzwungen durch psychische Folter, Repressalien, Angst, Stress, Schlafentzug und so weiter entstanden und meist von mir einfach unterschrieben wurden, damit es aufhörte.

Die Geschichte aus dem Gedicht von Stephen Crane, welche mir im Knast in Halle frei wiedergegeben erzählt wurde, passt so trefflich und symbolisch für die Wege, die wir gehen. Wie oft wir in Einsamkeit, Trauer, Hoffnungslosigkeit scheinbar durch die Wüste laufen, verbrannt von der Sonne, die die Gesellschaft darstellt, in der wir leben. Es gibt reichlich Situationen für uns Menschen, in denen wir an unserem eigenen Herz fressen. Das ist nicht einmal das Schlimmste, weil es wie gesagt symbolisch ist und wir lernen könnten. Schlimmer ist meiner Meinung nach, dass die große Masse der Menschen um uns herum zuschaut und ignorant, beurteilend oder sogar schadenfroh und abwertend reagiert. Es scheint, so war es immer, so sind wir und so bleibt es. Oder?

Argumentum ad Ignorantiam

Argumentum ad Ignorantiam, als der Menschheit Fehlschluss für falsch Erklärtes und nicht Bewiesenes, was die Narren, als Narrativ ständig wiederholen, weil es weder bewiesen noch widerlegt werden kann. Alles nur, weil der Mensch in seiner mangelnden Vorstellungskraft ignorant ist.

Franky Hollyday

Das Schachspiel

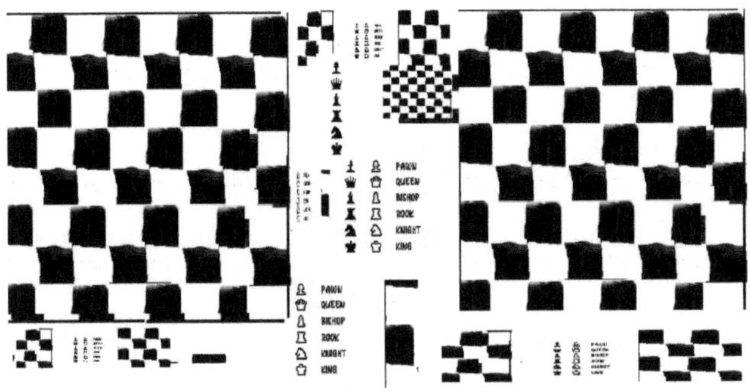

Das Schachspiel ist auch für den Künstler eine großartige Erziehungsmethode. Er lernt nämlich, dass Fehler gemacht werden müssen, was nicht heißt, dass sie gemacht werden sollen. Für einen Schachspieler ist es unausdenkbar, Fehler nicht einzugestehen, muss er sich doch Zug für Zug von seinen Fehlern überzeugen oder sich anstrengen, den Gegner von den seinen zu überzeugen. – Ein ernstes, tiefes – ein Lebensspiel.
Johannes R. Becher

Nach mehr als drei Jahrzehnten kommen einzelne Szenen aus dem DDR-Knast mit großer Wucht immer noch in mein Gedächtnis zurück. Sie beeinflussen, ich erwähne es immer wieder, mein Leben oder lassen mich in vielen weniger werdenden Situationen wie einen Trottel aussehen, weil mein Gegenüber keine Ahnung hat, was gerade in mir los ist.

Nicht nur Geschichten, nein, auch die Gerüche, die Gefühle, die Stimmen, die Atmosphäre, es gibt unendlich viele Trigger, die bei mir immer noch an bestimmten Knöpfen drehen.

Das werde ich wohl nie los, das werde ich nicht los.

Als Traumapädagoge weiß ich heute, das alles bleibt, nur die Form, die entwickelten Umstände und wie wir damit leben wollen oder werden, entscheidet, was es später mit uns macht. Dabei hatte ich bei all dem Erlebten noch großes Glück! So denke ich oft. Auch so ein Glaubenssatz der mehr oder weniger hilfreich sein kann. Warum? Ich habe überlebt und es gibt immer noch Schlimmeres auf dieser Welt.

Dum spiro, spero.

Das heißt nicht, dass diese Aussage dies alles rechtfertigen soll! Gedanken bleiben. Diese Gedanken bleiben eine Ewigkeit, mein ganzes Leben. Gedanken, die fragen, die gefragt haben und in manchen Träumen es noch immer tun. Wie oft bin ich verlegt worden, habe Schikanen erfahren und die aus der Zeit präsente Angst, was sie sich noch ausdenken könnten? Das Spektrum an Misshandlungen war weit gefächert. Also Gründe für ein Trauma gibt es genügend und Therapie jedenfalls bei mir, heilend, nur in mir selbst, durch Bilder zeichnen oder schreiben. Wenn ich mich daran erinnere, wie zum Beispiel gerade die Stasi-Leute sich selbst übertrafen, sich gegenseitig immer wieder in ihren Methoden überboten ... Besonders wenn es um die perfidesten körperlichen, aber in erster Linie um die seelischen Misshandlungen ging. Sie stimmten alles ganz genau auf jeden einzelnen Gefangenen, auf jede Situation, aber auf jeden Fall immer wieder aufs Neue ab. Eben auf das vorgeschriebene Ergebnis abgestimmt, so, wie sie es auf den Verhörschulen der Stasi gelernt hatten und wie es diese Verbrecher gerade erzielen wollten oder für eine Öffentlichkeit brauchten. Sprachen die dich mit „du“ an und beschimpften dich mit unflätigen Fäkalausdrücken, dann warst du im besten Fall Dreck und das ganze nur eine reine Informationsübertragung dafür. Sprachen die dich, zum Beispiel bei einer „Bestrafung“, mit „Sie“ an, dann war das eine ernste Vorwarnung und aus deren Sicht nur ein harmloser Vorgeschmack auf „mehr“. Behandelten die dich jedoch mit ausgesuchter Höflichkeit, boten dir Zigaretten und Kaffee an, sprachen dich mit deinem Namen an und machten nur Andeutungen, die zwischen den Zeilen zu hören waren und überließen es ansonsten deiner Fantasie, wie du mit einer dieser Bestrafungen aussehen wirst, dann war es schmerzlicher tödlicher Ernst! Wer das nicht schnell genug lernte und die Herrschaften von der Stasi, die Aufseher, nicht wirklich ernst nahm, der war im eigentlichen Sinne schon erledigt, dessen Seele zerbrach schnell und unheilbar, wenn eine Seele überhaupt heilen kann. Diese Menschen „spielten“ dich systematisch kaputt, so deren Intention, es schien deren Auftrag zu sein. Wer gebrochen ist, bleibt es oder kann neu aufgebaut werden. Vieles mussten Aufseher noch nicht mal selbst tun, dafür hatten die ihre Handlanger unter den Gefangenen, Mörder und Gewalttäter oder Angstverurteilte-Informanten, resignierte, zerstörte und ichbezogene Menschen, die zum Beispiel für ein Päckchen Tabak so ziemlich alles machten. Es gab selbstverständlich reichlich Aufseher, die hatten spürbar Freude daran, andere Menschen zu peinigen, Aufseher, die ständig ihren eigenen sich selbst befriedigenden Narzissmus der Macht vorzuführen schienen. Aufseher, die Bock darauf hatten, Menschen zu quälen, ohne darüber nachzudenken, was sie gerade so tun, weil es auch keine Konsequenzen für sie gab.

Einer dieser perfiden Aufseher war Stalin. Die richtigen Namen kannten wir nicht, da wir sie nur mit „Herr“ ansprechen durften. Stalin tauften die Strafgefangenen ihn, weil er als der besondere Aufseher brutal und unberechenbar seinen Dienst an den Gefangenen durchführte. Ich habe bereits in einem Kapitel von ihm erzählt. Stalin war halt in der Lage, wie sein Namensgeber, das kommunistische Original aus der damaligen UdSSR, sich für vermeintliche Staatsgegner und Menschen, die er grundsätzlich verachtete, etwas Besonderes einfallen zu lassen. Brutal, unnachgiebig, kompromisslos und mit Ideen … darauf muss man erst einmal kommen. Einen Stalin gab es übrigens in jedem Knast, wo sollten diese Menschen auch sonst arbeiten?

Diesmal hatte er sich für mich ein bizarres Vorhaben ausgedacht. Als ich an einem Sonntag, wir waren mit unserer Kartoffelschälarbeit bereits fertig und wieder auf dem Gefängnistrakt, unserer Gemeinschaftszelle, zurück, so am Fenster stand, träumte ich vor mich hin, machte mich in Gedanken frei und versuchte schöne Bilder in mein Gedächtnis zu holen. Ich lugte durch die Gitterstäbe auf den riesigen Innenhof und beobachtete auch die jugendlichen Strafgefangenen beim Drill. Sie mussten gefühlte 50 Runden um den Platz exerzieren und weil immer ein Passgänger dabei war, funktionierte der Gleichschritt beim Marschieren nicht und es folgte noch eine Runde und noch eine Runde. Es war bewölkt und ein leichter Nieselregen kühlte die jungen Strafgefangenen bei ihrer Tortur. So schaute ich ihnen Runde um Runde zu, schloss noch mit Picasso, einem Mitgefangenen, eine Wette ab, dass die da unten mindestens noch elf Runden marschieren würden, bis der Aufseher, der nicht mitlief, weil das ein Strafgefangener für ihn erledigte, letztlich die Nase voll hatte und zu seinen Kaffee möchte. Die Wette hatte ich verloren, Picasso sagte, es würde noch mindestens eine Stunde dauern, und da seien 20 Runden gut möglich. Ich gab ihm die Zigarette, um die wir gewettet hatten, und schaute weiter den armen Teufeln zu, wie sie nun nach dem Kommando „stillgestanden“ stramm in einem Block stehen mussten. Als der Spuk vorbei war und ich noch etwas in den Regen starrte, sah ich mitten auf dem Platz im grauen Licht Holzfiguren auf der Wiese liegen. So Spielfiguren, hölzernen Figuren, grau und ausgeblichen, die wie Schachfiguren aussahen. Irgendjemand hat sie da abgelegt. Es war mir nie aufgefallen, obwohl sie doch recht groß waren und offenbar schon immer dalagen. Ich schätzte die Figuren, die aus meiner Position wie verschrumpelte Zwerge aussahen, auf etwa sechzig bis achtzig Zentimeter, vielleicht auch etwas kleiner. Die Spielfläche war nur angedeutet auf der Wiese erkennbar und musste ungefähr drei mal drei Meter, wie gesagt angedeutet erkennbar, gewesen sein. Das Gras hatte die Fläche längst erobert. Schnell versuchte ich zu zählen, ob alle Figuren vorhanden sind, und begann, mich zu konzentrieren, König, Dame, Läufer rechts und links, zwei Pferde, zwei Türme und acht Bauern vor den Offizieren liegend, Schwarzgrau war also komplett. Weiß, auch mehr oder eher als grau zu erkennen, aber deutlich heller als die vermeintlich Schwarzen, was war damit? Aus meiner Entfernung, mit dem müden Licht, wie erwähnt, fast genau wie schwarz aussehend, nur eine Nuance heller, konnte auch mit König, Dame, zwei Läufer, zwei Pferde, zwei Türme und acht Bauern aufwarten. Wow, dachte ich mir, nun habe ich neben der

Bibliothek, die ausschließlich mit alten abgegriffenen Büchern ausgestattet war, was sich doch als Glück erwies, denn keiner der alten Schwarten schien einer Zensur unterlegt zu sein, noch dieses Juwel, ein Schachspiel, entdeckt. Ich konnte mein Glück kaum fassen und sah mich schon unter freiem Himmel mit Sonnenwärme und frischer Luft ein weiteres Stück an Freiheit in Ketten genießen. In so einer menschenverachtenden Strafkolonie war jede Sekunde, die sich wie Normalität anfühlt, Stärkung für die Hoffnung und Krafttanken, damit das alles auszuhalten war. Nun konnte ich es kaum erwarten, bis sich die Möglichkeit ergab, einen Schließer zu fragen, was ich leisten müsse, um mit einem meiner Mithäftlinge da draußen Schach spielen zu dürfen. Oder vielleicht sogar, dass mein Trakt komplett dastehen und wir ein kleines Turnier starten dürften. Ich erzählte meine Entdeckung im Trakt laut allen und war verwundert, dass die Begeisterung mit mir nicht geteilt wurde. Die, die schon länger hier waren, meinten, das sei unmöglich und die anderen hatten Sorge, dass es durch meine neue Idee in irgendeiner Form zu Nachteilen kommen könne. Ich sagte: „Hey, es ist nur Schachspielen, was soll da schon kommen? Ich bin euer Trakt-Scheich und werde ein Spiel organisieren, was uns allen positiv in Erinnerung bleibt."

Und es ergab sich eine Möglichkeit, da für mich etwas Unfassbares geschah, welches ich zudem noch mit dem Schachspiel in Verbindung bringen konnte. Ich wurde zum Anstalts-Vollzugsleiter gerufen, ich ein Nichts, ein Niemand, Verkaufsmaterial für das System oder Spielzeug für Aufseher, musste zum Direktor. Dabei war Stalin, unser Brutalo-Aufseher, ungewöhnlich freundlich zu mir und führte mich ohne Handschellen rüber in den Verwaltungstrakt. Sofort machte sich Unwohlsein bemerkbar, alles, was aus dem System verändert passierte, brachte nie etwas Förderliches, meist tat es sehr weh.

Als ich mit Stalin das Büro des Gefängnisdirektors betrat, traute ich meinen Augen nicht, es war unmöglich, es konnte nicht sein. Meine Mutter saß bei Kaffee, lässig die Beine übereinandergeschlagen, lächelnd im Direktorzimmer, mit eben diesem Direktor zusammen, und sagte kurz angebunden: „Hallo Junge, setz dich.“ Keine Umarmung, kein Handschlag, genauso wie die Leute hier um mich herum, befremdlich zog sie eine für mich nicht begreifbare Show ab. Dann meinte sie, als ich wahrscheinlich noch immer mit verdutztem Gesicht und offenem Mund auf dem schmalen Holzschemel Platz genommen hatte, ich solle nun genau zuhören und überlegen, was ich antworte.

Der Direktor des Gefängnisses sagte zu mir, ich könne heute mit meiner Mutter nach Hause fahren, wenn ich all meine Äußerungen widerrufe, bezeuge, dass mein Handeln ein großer Fehler gewesen sei und ich ab meiner Entlassung ein verlässliches Mitglied der sozialistischen Gemeinschaft werde. Mutter hätte alles organisiert und wenn nicht heute, so doch in den kommenden Tagen würde ein Gericht mich auf Bewährung freilassen. Schließlich, so schob er noch nach, habe ich eine hervorragende Ausbildung, war ein hervorragender Unteroffizier und hätte mit meinem Vorhaben, als Psychologe in Kinderheimen zu arbeiten, alles, was ich brauchte, um in der Ostzone, er sagte „in unserer DDR“, leben zu können. Weiter schob er mir einige Schriftstücke entgegen, die ich nun in Ruhe lesen solle, und dann würde ich noch eine kurze Bedenkzeit haben. Ich war wie in einem Theaterstück oder einem Film von Bertolucci gefangen, Szenenhaft, melodramatisch mit viel Spielraum zur Mehrdeutigkeit. Stalin und der Direktor ließen mich mit meiner Mutter allein. Auf meine Frage, was sie hier mache und wieso dies möglich sei, wieso sie so viel Einfluss hätte, sagte sie, sie kenne viele wichtige Leute, es sei eine einmalige Chance und ich solle nun endlich wieder vernünftig sein.

Vernünftig, das hatte ich in den vergangenen Monaten so oft gehört und war wieder und wieder aufgefordert worden, vernünftig zu sein, ohne zu wissen, welche Vernunft gemeint sei. Für mich logisch und völlig natürlich lehnte ich sofort ab, da brauchte es damals keine Überlegung. Sofort nach meiner

Äußerung abzulehnen, kamen Stalin und der Direktor wieder in den Raum, sie hatten also mitgehört und kannten meine Entscheidung. Es bedurfte kaum weitere Worte in dieser Situation, ich musste nur noch mitteilen, dass ich in dieses Land nicht mehr zurück möchte, ich sei ein freier Mann, könne leben, wo immer ich möchte. Kurze Pause, ... denn Stalin gab mir mit seiner Faust einen starken Stups in den Rücken. „Ruhe jetzt."

Der Direktor fragte mich betonend als letzte Chance, also wirklich letztmalig nach meiner Entscheidung, ob ich nachdenken müsse, und ich antwortete, wo ich denn hier sei, in der Inquisition? Es gebe nichts zu widerrufen, schließlich sei ich kein Ketzer, und dass ich auf meinen Trakt zurück möchte. „Im Übrigen", schob ich vollmundig noch nach, „ich möchte Schach spielen, auf dem Exerzierplatz steht in der Mitte ein Schachspiel oder besser Schachfiguren, diese möchte ich nutzen."

Da war er wieder, mein aufmüpfiger Begleiter, den ich doch laut meinem Anwalt im Zaum halten sollte. Ich war viel zu aufgeregt, ja empört, als hier leise zu sein, und brauchte diese paradoxe Ablenkung. Ein starker Ruck am Oberarm zog mich aus dem Zimmer, Stalin schwang die Knebelkette, ein stechender Schmerz zog vom Handgelenk durch den gesamten Arm, und führte mich wortlos immer zerrend und an der Kette drehend zurück auf meinen Trakt.

Nun war ich wieder auf dem Trakt, mittlerweile hatten meine Mitgefangenen Einschluss, die Zeit, wo alle Türen auch die vom Aufenthaltsraum zum Schlafraum verschlossen wurden. Mein Kopf konnte das gerade Erlebte nicht einordnen oder gar erfassen, so unglaublich erschien mir dies alles. Ja, da war ich in meiner gewohnten Umgebung, mit acht furzenden und schnarchenden Strafgefangenen. Wir schliefen in einem viel zu kleinen Raum, bis zur Tür, um die Betten, konnte man nur quer und einzeln laufen. Vier Doppelstockbetten auf ca. 5 x 2,6 m, eine echte Tortur.

Diesen besonderen Schlafraum lernte ich kennen, als ich von einem Aufseher ganz am Anfang in meiner Zeit im Knast Halle in den Raum geschubst wurde. Ein ziemlich fetter Kerl, so erinnere ich mich, saß auf dem Bett in der Mitte der Stockbetten und forderte mich auf, zu ihm zu kommen. Freundlich fragte er nach meinem Namen und warum ich hier sei. Ich wirkte wohl verunsichert, antwortete nicht, ahnte wohl nichts Gutes, so stand er schniefend auf und trat nah an mich heran. Er passte kaum zwischen Wand und Bett, schniefte verschwitzt und scheinbar erregt in mein Gesicht und sagte, dass ich jetzt seine Braut sei und unter seinem Schutz stehen würde. Mir könne nun nichts mehr passieren, er passe auf mich auf. Als Begrüßung und sozusagen wohl als Beweis dieser Eheschließung öffnete er seine Hose und verlangte, dass ich ihn befriedige.

Ich spüre bei den Gedanken daran noch heute mein Herzrasen, den Ekel und wie sich all mein Widerstand, aber auch mein Überlebenswille aufbäumten. Denn dann ging es, in dieser für mich nachhaltig belastenden Situation, ganz schnell und im Nachhinein bin ich immer wieder überrascht und war und bin erstaunt, dass ich zu so viel Gewalt fähig bin. Geschult und informiert in der U-Haft in Magdeburg und geschuldet der ständigen Anspannung und des zunehmenden Drucks in der Situation in Gefangenschaft in solch einer Institution ist dies wohl auch wegen des Willens, einigermaßen gesund zu überleben, möglich. Erstarren, Flucht oder Kampf, das war hier die Ansage. Mein ES entschied sich wohl in einem Bruchteil einer Sekunde für Kampf. Ich trat schnell den einen halben Schritt an ihn heran, lächelte wohl dabei, als ob ich ihm gefügig werden würde, und zog mein rechtes Knie mit all meiner zur Verfügung stehenden Kraft mehrmals noch oben, direkt ins Zentrum seiner Männlichkeit, und spürte an meinem Knie, was auch schmerzte, dass ich das Zentrum mächtig deformierte, wenn nicht gänzlich zertrümmerte. Weiter schlug ich gleichzeitig einmal aber kräftig mit der Faust an seinen Kehlkopf und trat dann zur Sicherung wieder zurück, sicherte, wie beim Militär gelernt, ob es jemand gesehen hatte, ob jemand in den Raum kam, wo mein Fluchtweg war. Die Schlafraumtür war angelehnt, der winzige Flur ließ einen Strahl Licht durch den Spalt scheinen. Ohne dass ich meine Aktion wiederholte, hörte und spürte ich es bei meiner Aktion krachen und registrierte wohl den Schaden, den ich angerichtet hatte. Das Fette gegenüber brach gekrümmt und ekelhaft wie ein Schleimbeutel zusammen, er war zu einem Schrei unfähig, fing erst einige Sekunden später an zu schluchzen und zu stöhnen. Er lag mit verdrehten Augen, nach Luft ringend am Boden, ich sah ihn an, verspürte Ekel, Hass und Genugtuung, aber trat ihm, bevor ich den Schlaftrakt verlassen wollte, noch zur Sicherheit, dass er nicht folgen konnte, mit dem Fuß gegen seinen speckigen Kopf. Ich spürte, wie meine Sinne mir etwas Neues zeigten, spürte Lust, ihn zu töten, aber irgendetwas in mir sagte, dass es reicht und ich einfach gehen sollte.

Als ich vom Schlaftrakt über den winzigen engen Flur in den Gemeinschaftsraum trat, die Tür zum großen Flur auf den eigentlichen Zellentrakt war verschlossen, starrten mich alle meine Mitgefangenen verwundert an. Ich weiß bis heute nicht, wer mir diese Worte eingegeben hat, aber ich sagte: „So, Männer, ab jetzt bin ich euer Trakt-Scheich! Ist das klar?“

Es gab keinen Widerspruch, es gab keine Fragen, es gab keine Konsequenzen, keiner der Mitgefangenen, der den Aufsehern später berichtete, was offenbar geschehen war, konnte mir in irgendeiner Weise etwas Negatives als Konsequenz antragen. Es lief einfach ohne Repressalien, ohne Konsequenz, ab, als ob das das Normalste in dieser Welt sei, so, als wäre nichts passiert.

Nach wenigen Minuten, die für mich wie eine Ewigkeit schienen, wurden wir von einem Aufseher aufgefordert, im Aufenthaltsraum zu bleiben und bis zur Nachtruhe still abzuwarten, was wir wirklich wortlos taten. Bis zum Einschluss zur Nachtruhe taten wir nichts, wir wurden aufgefordert in den Schlaftrakt zu gehen. Mir wurde schlecht, ich wollte am liebsten im Erdboden versinken, aber es war nichts, kein einziges Indiz, dass in diesen Raum gerade etwas Schlimmes passiert war. Wir gingen einfach jeder in sein Bett und eines blieb leer. Von dem Dicken haben wir nichts mehr gesehen, er war einfach verschwunden, die dicke Masse, von mir zertrümmert, hatte sich in nichts aufgelöst. War weg, für immer. Ich weiß nicht, wie oder wer ihn rausgeholt hatte, wann das war oder wie er denn aussah. Lief er selbst, wurde er getragen? Keine Ahnung. Er war für immer weg. Was ich weiß, mir fehlten vom Einschluss in den Schlaftrakt zur Nachtruhe bis zum nächsten Morgen alle Bilder und die Zeit. Ich muss so voller Adrenalin und Anspannung gewesen sein, dass mein Ich abgeschaltet hatte und mich zum Regenerieren in sanfte Träume versinken ließ, an die ich mich auch nicht erinnerte, erinnern wollte. Über den Fetten, dessen Namen ich nicht weiß, weil ich ihn nicht verstanden hatte, und den niemand mehr erwähnte und über den nie wieder gesprochen wurde, gab es keine Infos. Es schien, als hätte ich allen, wirklich allen, den Häftlingen und den Wärtern gleichermaßen einen Gefallen getan. Er, der Fette, war vor mir Trakt-Scheich gewesen und hatte meine Mitgefangenen mächtig schikaniert und gequält. Ich blieb ein anderer Trakt-Scheich bis zu meiner Verlegung in die Abschiebehaft. Obwohl wir einen Gewaltverbrecher bekamen, der über uns vermeintlich verbal verfügen durfte und dem wir zu gehorchen hatten, beim Marschieren, Arbeiten und so weiter, war ich Trakt-Scheich. Grübchen, unser Verbrecher, bekommt hier, in meinen Erzählungen, aber eine eigene Geschichte.

Es muss Mitternacht gewesen sein, den es schien absolute Dunkelheit von draußen durch die Gitterstäbe, da erwachte ich geweckt von einem Schließgeräusch. Um die Zeit? Was ist los, gehts in Abschiebehaft? Ist es so weit? Sofort schossen bei solchen Abweichungen diese Gedanken durch den Kopf. Die Tür vom besagten Schlaftrakt öffnete sich, aus dem Gefängnisflur kam ein grelles Licht durch die Zellentür und im Türrahmen erkannte ich die markanten Umrisse von Stalin.

„Strafgefangener Hollyday, raustreten“, bölkte er in den vermieften Schlaftrakt.

OK, dachte ich gespannt, schauen wir, was passiert, und folgte den Anweisungen von Stalin, eine Alternative hätte es auch nicht gegeben. Ich solle mich auf die Mitte des Flurs stellen und warten. Als der Trakt wieder verschlossen war, stellte sich Stalin vor mich, Nase an Nase, auf und fragte, ob ich noch immer Schach spielen möchte. Ich verstand erst nicht richtig. Was meint er? Und um diese Zeit? Was wird das nun wieder? Als ich seine Frage bejahte, fragte er weiter verschmitzt, dabei sich von mir entfernend, und dabei lächelte er ganz merkwürdig und schielte mich von der Seite an, mit wem ich den spielen würde, wenn ich spielen dürfte? Sofort fiel mir Bubba ein, ein absolut intelligenter politischer Gefangener aus der Messestadt Leipzig. Bubba war in dem Nebenschlaftrakt gleich eine Tür weiter untergebracht und wurde später zu uns, den Pellis, verlegt. Mit leiser Stimme, völlig verunsichert und hilflos, auch nicht wissend, ob ich hier Bubba in eine miese Situation bringe, teilte ich dies Stalin mit. Stalin vernahm den Namen, drehte sich daraufhin um, grunzte freudig und verschwand im Halbdunklen des Nebentrakts. Nach wenigen Minuten kam Stalin mit Bubba, der mich fragend ansah, und sagte zu uns im forschen Ton seine Kommandos. Antreten, im Marsch raus auf den Hof treten, aber alles leise und ohne zu sprechen. Im Treppenhaus und an der Ausgangstür standen zwei weitere Aufseher, das schwache Licht im Treppenaufgang ließ sie im Grau und mit den noch immer müden Augen, die sie ansahen, an der Wand verschwimmen. Als ich an ihnen vorbeiging stellte ich fest, ich hatte sie noch nie gesehen. Wahrscheinlich Nachtdienst oder vom Nebengebäude. Stalin hielt in der Tür inne, wartete einen Moment und meinte dann zu uns, wir könnten jetzt ein Schachspiel machen. Es sei Zeit und wir würden keinen durch das Spiel stören. Bubba und ich schauten uns an, schauten, mittlerweile nach draußen getreten, nach oben und nahmen wahr, es goss in Strömen. Die wenigen Minuten vor der Tür hatten es geschafft, unsere dürftige Nachtkleidung völlig zu durchweichen, etwas, was wir nur im Nachhinein registrierten. Ich sah bei Bubba ein leichtes Grinsen und auch ich konnte nicht anders, als ein Grinsen auf mein Gesicht zu zeichnen. Wir hatten uns ohne Worte, aber auch weil es wohl keine echte Wahl gab, entschieden, wir spielen Schach.

Also gingen mein Schachgegner und ich auf die Mitte des Exerzierplatzes, auf die Wiese, an die Stelle, wo ich das Schachspiel entdeckt hatte, stellten ohne Worte die großen mittlerweile durch den Regen, klitschig und schwer gewordenen Figuren an ihren rechten Platz auf das Schachfeld. Wir konnten Schwarz und Weiß nicht unterscheiden, es war aber auch völlig egal, denn hier ging es um weit mehr als um ein schnödes Spiel und Regeln oder Formalitäten, es ging um Schach. Dann begannen wir im Licht der müden Knastlaternen unser Spiel. Wir spielten Schach, das Schachspiel, hier nicht als

Brettspiel, was meines Wissens, nach Schah=König, also das königliche Spiel, benannt wurde, wir spielten Schach, weil ich es wollte und weil im kranken Hirn von unserem Stalin irgendwelche Windungen halt so funktionierten oder auch nicht. Eigentlich ist das Spiel Schach ein strategisches Brettspiel, also auf einem Spielbrett zu spielen, in unserem Fall war es jedoch auf eingelassenen verwachsenen Platten, von den Pflanzen der Wiese längst erobert, aus der durch den starken Regen das Wasser auf das Spielfeld rann. Schach hat eine starke kulturelle Bedeutung erlangt, wird in allen Ländern gespielt und gilt mittlerweile als Sport, Denksport. Sicher ist der Umstand, wie wir damals im Knast dieses Spiel spielten, einmalig auf dieser Welt und kaum an surrealen Eindrücken zu überbieten.

Alles um uns herum war und schien unwirklich. Nichts sah so aus, wie wir es gewohnt waren. Gebäude verzogen sich, es roch nach Meer, Salzwasser und Fisch. Das Licht schien vom Mond zu kommen, der, von einer sanften dünnen Wolke gestreift und verschleiert, versuchte, uns zu zuschauen. Es passte nichts, was die eigenen Sinne erfassen und für real erkennen müssten, zusammen. Der Regen wurde als Glitzer empfunden und die Tropfen, die ständig von der Nase in den Mund rannen, waren wie süßer Wein. Ein Moment jenseits von Raum und Zeit, losgelöst vom Verstand und jeglicher Logik, spielten wir jenes Spiel, was einst für einen Herrscher erfunden wurde, damit er letztlich milder würde. Heute ist mir klar, dass Kälte, Nässe, Nacht, aber vor allem die Angst, das Nichtwissen, wie es von Moment zu Moment weitergehen würde und was noch kommen würde, Klarheit, Realität, logisches Denken, nicht mehr zugelassen hatte. Trotzdem, wir spielten oder, besser, begannen ein Spiel Schach. Schach, jenes Spiel, was für den tyrannischen Shihram von Sissa entwickelt wurde. Shihram war ein indischer Herrscher, der sein Volk in Not und Elend hielt. Er musste auf seine Fehler hingewiesen werden und deshalb wurde für ihn dieses Spiel entwickelt und er lernte es auch eifrig. Beim Schach ist der König die wichtigste Figur, die königliche Figur, die aber ohne Bauern und die anderen Figuren nichts bewirken kann. Jeder, der dieses Spiel erlernt und spielt, wird so wie Shihram beeindruckt sein und über seine eigenen Strategien nachdenken, aber auch mit dem, was ihn umgibt, was er vielleicht nicht nur für das Spiel braucht, zu versuchen, es zu erhalten. Shihram, so weiß man, wurde milder und hatte wohl vom Schachspiel menschlich profitieren können. Damals wurde Sissa mit Weizenkörnern belohnt und Sissa wollte für jeden Zug, der im Schach möglich ist, ein Weizenkorn. Es dauerte ewiglich, bis die Zahlmeister die Körner zusammen hatten, da immer neue Züge, also auch Körner dazukamen. Letztlich musste Sissa die Körner, die er bekam, nachzählen und es entstand der Erzählung nach eine Pattsituation wie beim Schachspiel. So hatten alle aus dem neuen Spiel gelernt und es könnten noch immer alle Menschen aus dem Spiel und der Geschichte lernen.

Bubba und ich hatten gelernt und wünschten uns leise und jeder für sich, dass unsere Aufseher, vielleicht sogar das politische Regime, endlich anfingen, Schach zu lernen. Bei unserem Spiel im Knast stellten wir fest, dass sich am Fenster an unserem Treppenhaus Aufseher versammelten. Ich konnte im Augenwinkel erkennen, dass sich auch an anderen Gebäuden Aufseher das Spiel oder vielleicht das Bild, die Situation, ansahen. Auch hinter den Gitterstäben einiger Trakt-Fenster waren bleiche Köpfe von Strafgefangenen zu erkennen. Wir wurden beobachtet wie heimliche Stars und es entstand wohl Unruhe in den Gebäuden, weil auch immer mehr Häftlinge die beiden „Stars“ da draußen beobachteten. Stalin bemerkte dies, was ihn wütend und unzufrieden zu machen schien, blökte uns zu, wir sollen zurückkommen, das Spiel sei zu Ende, was wir auch zu unserer Sicherheit, wenn Stalin so brüllte, sofort taten. Einiges ist mir von dieser Szene nicht in Erinnerung geblieben, einiges hat sich ganz fest eingebrannt. Die Masse an Eindrücken und emotionalen Amplituden war sicherlich viel zu viel für meinen ständig überlasteten Aufnahmespeicher, für meine Wahrnehmungsmöglichkeiten und für mein emotionales Verarbeitungsgedächtnis. Es schwang dabei der Besuch von Mutter, das Gespräch bei dem Direktor und das, was unter den beschriebenen Umständen in der Schach-Nacht eigentlich passierte, mit. Ich stand noch Tage danach neben mir. Einerseits freudig, wegen dem, na, sagen wir doch, Spiel und dass mich doch noch jemand hörte und ich Einfluss nehmen konnte. Andererseits bleibt in dieser vergangenen Zeit auch, zu wissen, dass es Menschen gab, die mich nach Laune und wie es ihnen gerade in den Sinn kam, schikanieren und demütigen konnten, wann und wie sie es auch immer wollten. Ein Widerspruch im Widerspruch, Periode.

Stalin wollte diese Demütigung und das Spiel mit der Macht gegen mich und meinen Mitgefangenen gern als eigene Inszenierung für sich haben. Erreicht hatte er sicher nicht alles, was er erreichen wollte. Wir waren nun wirklich die Stars, zumindest unter den Strafgefangenen, und viele klopften uns auf die Schulter, begegneten uns mit Respekt, boten uns Zigaretten an, um uns in ein Gespräch verwickeln zu können. Selbst unser Gewaltverbrecher-Aufseher, der uns alle durch diese Zeit kommandieren durfte, äußerte sich freudig und meinte, dass wir nun alle eine Geschichte zu erzählen hätten.

Diktatoren und Machtausübende,
glauben doch tatsächlich,
zu den Gerechten zu gehören,
und alle anderen sind die
schlechteren Menschen.
Sie glauben dies in Selbstüberschätzung,
ohne geltende Moral und in ständiger Verletzung der Gerechtigkeit und der Einschränkung der Freiheit anderer.

Franky Hollyday

Frühstück mit Tina Turner

Bizarre Speisen, Dosenwurst, Atombrot aus der Dose, Marmelade und Musik fallen mir sofort ein, wenn ich an die Verpflegung im DDR-Vollzug denke. Zum Thema Musik komme ich gleich, auch wieder so ein surreales Stück von Jan Svankmajer wie „Virile Games“ oder sein berühmtestes Werk, die Essensanimationen, wie in „Breakfast“, lassen Vergleiche offen oder schlimmstens wie ein Kunstwerk aussehen. Die Produkte, die zum Verspeisen für DDR-Inhaftierte zur Verfügung standen, waren einfach nur schlecht, wenig vitaminreich und geschmacklich eine Zumutung da die meisten Produkte aus längst abgelaufenen Armeebeständen zu stammen schienen. Mehrmals die Woche gab es Krautsuppe, eine aus Weißkohl und Wasser mit Schweineohren und etwas Kartoffeln gekochte Suppe ohne weitere Zutaten. Das Gericht „Tote Oma“ war mehr als ekelhaft und hatte oft die Konsistenz von warmem eingedicktem Blut oder wurde irgendwie grünlich nicht rot schimmernd aus Blut, Blutwurst, mit Unmengen an Wasser zu Brei angerührt.

FST

Morgens und abends gab es durchweg Brot, welches sich durch Trockenheit in alle Richtungen verbog. Ich hatte in meiner Knastzeit in der DDR nie ein Brötchen oder frisches Brot bekommen. Jedenfalls nicht legal, illegal bekommt und bekam man auch im Knast, also man auch im DDR-Knast, alles Mögliche. Offiziell gab es keine Butter, nur minderwertige Margarine, die heute kein Mensch noch zum Braten nehmen würde, allerhöchstens als Schmierstoff für Radlager. Das Mittagessen bestand wie beschrieben meist fünfmal wöchentlich aus Suppen und Eintöpfen. Eierteigwaren oder Kartoffeln wurden ausschließlich nur mit einer Soße gereicht. Nudeln oder Kartoffeln waren auch überlagert, ich weiß das, da ich als Pelli-Schäler in Halle überwiegend Müll als Kartoffellieferung annehmen musste, keimende stinkende, angefaulte Knollen. Die von der LPG, also die Landwirtschaftlichen Produktionsgenossenschaft, gelieferten Knollen waren reines Tierfutter oder wirklich stinkiges Kartoffeletwas. Der Speiseplan war also minimalistisch, kaum Vitamine oder das, was der menschliche Körper unter diesen Bedingungen gebraucht hätte. Die überlagerten Konservendosen, überwiegend Blutwurst, wurden vom Strafgefangenen, der die Aufsicht über die Politischen hatte, in sechs Teile geschnitten. Das war dann der Anteil, den man an Wurst hatte. Den sechsten Teil des Inhalts einer Wurstdose. Obst Fehlanzeige. Vielleicht einmal im

Monat einen Apfel für Straftäter mit guter Führung, die ein Paket von zu Hause öffnen konnten, für den Rest musste der Kohl oder Karotten das Überleben bringen. So war ich mit einem Optimalgewicht von 76 kg in den DDR-Knast gekommen und hatte diesen mit 47 kg wieder in Richtung Westen verlassen.

Bei einem Frühstück in Halle passierte etwas, was ich unbedingt erzählen muss. Unser Aufseher also unser Krimineller, der außerhalb der Haftanstalt Frauen verprügelt, gesoffen und sich dann wieder mit anderen geprügelt hatte und Menschen bereits schwerstverletzte, war bei unserem politischen Trakt, also unter ausschließlich politisch inhaftierten eher leise, manchmal spürbar beeindruckt und es schien, dass unser intellektuelles Gerede, der soziale Umgang, etwas mit ihm machte. Er wurde leiser und baute sich nur auf, wenn ein Aufseher auftauchte. Manchmal schien es, als ob er sich nonverbal entschuldigte, dass er uns schikanieren musste, oder wenn er, befohlen von einem Aufseher, uns im Regen auf den Exerzierplatz Runden drehen ließ. Dieser in unserer kleinen politischen Pelli-Gang gut integrierte Kriminelle schaffte etwas, was nicht nur letztlich völlig irreal und aus der Realität zu fallen schien und eigentlich im DDR-Knast auch unmöglich durchzusetzen war. Er, von uns Grübchen genannt, schaffte es. Er, ein Mensch mit hängenden Schultern, der immer den Eindruck vermittelte, in jedem zweiten Satz jemandem eine reinhauen zu wollen, dieser Bildungsschwache, mit eingeschränktem Wortschatz, schaffte das Unmögliche. Grübchen, weil Grübchen tief und breit am Kinn, und dann noch mit fetten starken zusammengewachsenen Augenbrauen, war ein Unikat. Dieser Typ versetzte uns, aber besonders mich, in Erstaunen. Mein Vater beurteilte Menschen immer nach ihrem Aussehen und 99,9% der Menschheit, die mein Vater in seinem Suff beurteilte, waren dumm, doof oder einfach ihm unterlegen. Was nicht stimmte, da er selbst mangels Bildungswillens meist der war, die er beschrieb. Aber ich war so unter diesem Vater großgeworden, wurde von ihm konditioniert und es dauerte Jahre, meine Einstellung vom ersten Eindruck gegenüber meiner Mitmenschen zu verändern. Ich musste es erst lernen, Menschen wertfrei zu betrachten. Hier beurteilte ich einen Kriminellen, der stellenweise viel Macht über uns hatte und heuchlerisch den Aufsehern diente, als dummes, primitives und kulturloses Menschlein. Weit gefehlt, einfach ein Irrtum. Heute würde ich sagen, dass alles Tun Ursache und Wirkung unterliegt und jeder für sein Handeln einen guten Grund hat. Also steht uns eine eigene Bewertung im Stillen vielleicht zu, aber noch lange kein ausgesprochenes Urteil. Nun stellen wir uns aber vor, dass eine Horde von Strafgefangenen, geordnet an Sechsertischen mit ihrem vergammelten Brot, einer Schüssel Marmelade und etwas Margarine, schlecht schmeckenden Hängerlietee, Hängerlietee nur der Name, alles andere ein Mythos, sitzt und in unzureichender Hygiene mit immer wieder denselben Kleidungsstücken zu hundert in einem Speiseraum frühstücken. Umgeben und patrouilliert von Aufsehern und besonders Kriminellen, die darauf achten, dass alles ruhig und ohne Rangelei abgeht, und sofort mit Schlägen und Abtransport zur Einzelhaft auf vermeintliche Verfehlungen reagieren würden.

Das Licht stand ausreichend aus Neonlampen im Speisesaal zur Verfügung, wurde aber dennoch nur als halbdunkel in meiner Erinnerung abgespeichert. Aufseher liefen immer wieder bedrohlich auf und ab und sorgten mit eindeutigen Gesten für Ruhe. Nur das Kratzen auf dem harten Brot und das Schmatzen beim Essen des im Tee eingeweichten Brotes war zu hören. Da passierte etwas, bei dem heute jeder, der im Zonenknast gesessen hat, sagen würde, dass es eine Lüge sei. Es ist jedoch die Wahrheit.

Unser Aufseher-Häftling, der mit dem Grübchen am Kinn, hatte wohl in einem Paket, was er von seiner Frau bekommen hatte, die ihn so liebte, wie er war, eine Schallplatte geschickt bekommen. Schallplatten, das sind die schwarzen Tonträgerscheiben, die wir damals noch neben Tonbandgeräten gehört hatten und die heute wieder als etwas ganz Besonderes teuer verkauft werden. Dieser Häftling hatte es geschafft, seine Schallplatte ausgehändigt zu bekommen, und die Genehmigung, diese sogar abspielen zu dürfen. Da aber keiner im Ostzonenknast über irgendwelche Medien verfügte und solche in keiner Form besitzen durfte, war es auch eigentlich für ihn nicht möglich, diese Platte abzuspielen und die Kunst auf sich wirken zu lassen. Aber da hatten wir alle die Rechnung ohne unser Grübchen gemacht. Grübchen, so nenne ich ihn nun mal weiter, der sich gut führte, seinen Trakt mit Politischen weitestgehend im Griff zu haben schien, durfte am gefängniseigenen Plattenspieler, der in der Bibliothek sonst einstaubte, seine Platte hören. Unser Grübchen hatte dabei nichts Besseres zu erfragen und dieser bereits großzügigen Geste eines Aufsehers oder des Direktors noch eins draufzusetzen, ob er, wenn er die Platte hört, diese zum Frühstück für alle hörbar abspielen durfte. Kaum zu fassen, genau dafür bekam er eine Genehmigung vom Aufseher, der die Pakete öffnete und kontrollierte, oder gar vom Direktor des Gefängnisses selbst.

Wie beschrieben saßen wir beim Frühstück und ich konnte beobachten, wie Grübchen mit einer Verlängerungsschnur werkelte und dann einen Stuhl hereinbrachte. Nun wieder kam er mit dem Plattenspieler und dann wieder mit einer Schallplatte. Eine Hülle, das Cover der Platte, war nicht zu sehen, abgeklebt und unkenntlich, wie dies in der Ostzone nun einmal war. Immer mehr Gefangene bemerkten das Werkeln von Grübchen und es wurde, obwohl schon leise, leiser und leiser. Grübchen war offenbar fertig und stand mit einem breiten Grinsen im Gesicht merklich aufgeregt vor den mittlerweile mit frühstücken aufgehörten Gefangenen und schien auf ein Zeichen eines Aufsehers zu warten. Die Blicke der Gefangenen gingen langsam zwischen dem Plattenspieler und, von uns auf „Schund“ getauft, einem langen dürren Aufseher hin und her. Da kam ein Nicken von Schund und Grübchen startete den Plattenspieler. Der Lautsprecher, den er auf dem ersten Tisch platziert hatte, ließ ein leichtes Intervallkratzen zu und dann war sie da. „Let‘s stay together“. Tina Turner stand auf einem Knasttisch im DDR-Strafvollzug und sang ihren Song mit ihrer fantastischen Stimme und ihrer so starken charismatischen Ausstrahlung, mitten im bösen und unmenschlichen Sumpf der verbrecherischen Ostzone. Ich schloss meine Augen und hörte sie ganz deutlich singen, sie war ganz nah und sang schließlich nur für mich „Let‘s stay together“. Auch dies ist mit Worten kaum zu beschreiben, was so ein Lied, von der LP Private Dancer, gesungen von Tina Turner, von Mark Knopfler geschrieben und von John Carter produziert, in einem Menschen, in mir, alles aufwühlte. Emotional steht man auf einem Karussell, hat keinen Zugriff auf Start oder Stopp, es dreht sich einfach alles im Kreis. So eine Musik unter diesen Umständen, mitten in Unterdrückung,

Menschenverachtung und Endzeitstimmung, berührt, bewegt, lässt plötzlich wieder hoffen und tankt mit jeder Note und jedem Ton, der da von Tina gesungen wird, den Akku auf bis zum Überlaufen.

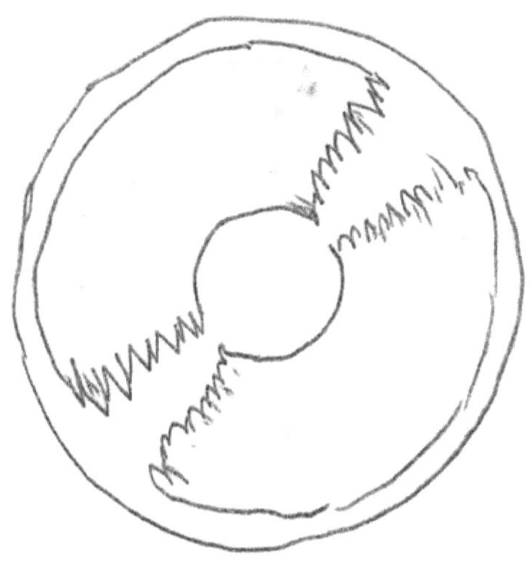

Grübchen durfte zwei Lieder auflegen, das von der Seite 2, „Let‘s stay together“ und dann noch „I can‘t stand the rain“, was mich sofort an unser Schachspiel erinnerte. Der zuerst gespielte Titel ist für mich noch heute so ein emotionales Kunstwerk, genau wie damals im Knast, wobei ich einfach mit keinen der damaligen Menschen zusammenbleiben wollt. „I can‘t stand the rain“ blieb die gesamte Knastzeit mein Ohrwurm.

Wenn jemand wie ich so lange im Regen stand, wer kann da schon den Regen ertragen?

Sobald wir einen Menschen erblicken, so ist es allerdings dem Gesetz unseres Denkens und Empfindens gemäß, dass uns die nächstähnliche Figur, die wir gekannt haben, sogleich in den Sinn kommt und gemeiniglich auch unser Urteil sogleich bestimmt. Wir urteilen stündlich aus dem Gesicht und irren stündlich.
Georg Christoph Lichtenberg

Abschiebehaft „Kallemalle“

Zynismus erreichte mich mit seiner vollen Breitseite in der sogenannten Untersuchungshaftanstalt der Bezirksverwaltung des MfS im Bezirk Karl-Marx-Stadt. „Kallemalle“ oder besser Abschiebehaft mit Freikaufambitionen. Hier machte die Ostzone ihre Kohle. Kohle? Für Zonis gleichzusetzen mit Geld! Harte Währung. Eine Währung, die frei konvertierbar war. Nicht für jedermann, aber sicher für Ostkommunistenfaschisten und clevere Zonis, die irgendwie doch rangekommen sind. Konvertierbar, das bedeutet tauschbar, eine Währung, die von allen Staaten und deren Bürgern „unbegrenzt“ in jede beliebige, auch konvertierbare Währung umgetauscht werden kann. Die D-Mark. Ostzonengeld wollte dagegen kein Mensch auf dieser Welt für sich tauschen. So viel, nur zum besseren Verständnis.

Aber zurück zur Abschiebehaft. Keiner, der nicht wie ich auch da war, kann sich vorstellen, dass der Weg dahin und der Aufenthalt, in Begleitung von abgrundtiefen, unbeschreiblichen Demütigungen und Ängsten begleitet waren. Und doch, immer wieder Gedanken, von Hoffnung getragen, Gedanken wie, „das gibt‘s doch gar nicht!“ oder „20stes Jahrhundert ... Hallo?“ Aber die mächtigste Motivation, die schon an göttliche und himmlische Gefilde paradiesischen Ausmaßes zu erinnern schien, war der Gedanke, „wenn du hier raus bist, bist du im WESTEN oder in irgendeiner Form FREI!“

Memento mori!

Das versteht nur, wer da war. Das verstehen all die, meine Mitstreiter, die ihren Mund aufgemacht haben und mit einem winzigen Krümel Mauer unterm Fingernagel den Weg in die Freiheit gewagt hatten.

Bitte, hier sollte keiner beleidigt tun und glauben, es sei pure Arroganz. Aber Mitgefühl und Vorstellungsvermögen können immer nur ahnen lassen, was der Betroffene und Gepeinigte tatsächlich empfunden hat. Genau deshalb erinnere ich mich, was meine Erinnerung gerade zulässt, um eben zu erinnern und zu verhindern, dass alle Menschen so werden wie die Schergen einer Diktatur. Es gibt einen Gedenkstein, der an die Gewaltherrschaft der SED von 1945 bis 1989 erinnert, aber der Stein in mir und die vielen Steine anderer betroffener ehemalig politisch Verfolgter des kommunistischen Regimes erinnern mehr als dieser Stein.

Bevor ich mit meinen Geschichten fortfahre, hier ein paar Informationen zum Häftlingsfreikauf, also für alle, die es noch immer nicht wissen, zum inoffiziellen Geschäft zwischen der DDR und der Bundesrepublik Deutschland. Ein Geschäft, Menschen in Haft einzukaufen und nach James-Bond-Manier in den Westen zu karren. Wie schon gesagt, es handelt sich um die löbliche Idee des Westens, für Menschen, die politisch in der Ostzone nicht mehr tragbar waren, etwas zu zahlen, damit diese frei kommen. Es kann auch sein, dass Waren, Rohstoffe oder Spione gegen Inhaftierte getauscht wurden. Für mich haben die Zonis Bananen bekommen und mussten stundenlang anstehen, um ihr Papiergeld wiederum genau für diese Bananen einzutauschen. Ich war zu dieser Zeit schon im gelobten Land BRD und hab mir den Bauch vollgeschlagen, mit Waren, die im Überfluss einfach so in mein Maul wuchsen. Genau so war es und nichts ist erfunden. Achten Sie nicht auf mein Schmunzeln. Genau so habe ich es erlebt!

Zynismus und Schikanen stehen im Zusammenhang, wenn ich über die DDR-Haft erzähle, eigentlich betrifft es dieses ganze Land, das ganze politische System. Alles, was kaputtmacht, Einzelhaft, Verhöre zur Nachtzeit und der damit verbundene Schlafentzug, und Abschirmung des Kontaktes zur Außenwelt, zur Familie, und da waren noch die unvermeidlichen Begleiterscheinungen. Natürlich die Folgen wie ständige Angst, Depressionen, körperliche Erkrankungen, Nervenleiden, Hautausschläge und Schlaf- sowie Konzentrationsstörungen. Alles Voraussetzungen für ewige Erinnerungen und immer wiederkehrende Albträume, Schweiß und Angst, Nacht für Nacht. Trigger, die einen in den unmöglichsten Situationen alles noch einmal erleben lassen. Hass und Vergebung

Manchmal verkrieche ich mich noch heute in mir selbst. Verkrieche mich in den Menschen, den ich nicht kenne und der mir doch vertraut ist, den ich hasse und gleichzeitig so liebe, ich verkrieche mich in den Menschen, der mir irgendwie mein Leben lang in allen Situationen Schutz gibt, dann doch Energie verliert und aus dem Nichts Energie nachlädt. Ich verkrieche mich in mein Ich. Und ich bin gewiss nicht gewalttätig und bin es auch nicht, wenn in mir nach mehr als dreißig Jahren noch immer Gefühle aufsteigen, dass die Gesichter und Fratzen aus meinen Träumen mal so richtig eins von mir auf ihr Maul bekommen. Dann komme ich wieder heraus aus meinem Loch.

Stalin, ein Aufseher und der blöde Schund sind Kandidaten für eine fachgerechte Hinrichtung! Der Glaube daran, sie werden in der Hölle braten, ist ok und reicht dann doch aus, um mich nicht auf dieselbe Ebene wie meine Peiniger zu begeben. Bloß gut, dass mein Ich anders ist. Ehrlich, ich habe mir noch nicht mal die Mühe gemacht, den einen oder anderen aufzusuchen, um meinen nächtlichen Gelüsten, die auch ich ehrlicherweise manchmal hatte, freien Lauf zu gestatten.

An einem Morgen dachte ich schon wieder an die Presswurstsituation in einem Waggon. Ich sollte packen zur Verlegung. Was bedeutet das? Würde ich nun für meine Aufmüpfigkeit verlegt werden, ich war doch so brav geworden oder war es der Weg zum Abschiebeknast? Hurra, ein Bus. Freude!? Weit gefehlt, keiner sagte, wo es hingeht, Kriminelle waren auch mit auf der Tour und die Zellen waren auch nicht komfortabler. Jetzt ging es von Halle nach irgendwo, wir übernachteten in einem anderen Knast. Dann plötzlich war ich wieder in Halle. Nervenzerreißend und anstrengend, aber es ging endlich weiter doch von Halle weg, hatten wohl jemanden vergessen und nun war es allen Insassen des Busses klar, wo es hingeht. Richtung Abschiebehaft ging die Reise. Heute würde man sagen, Neo, den Auserwählten, sauber in der Matrix verstaut, auf dem Weg in die Freiheit! Angst wurde durch eine Art Glücksgefühl verdrängt, jetzt war es egal! Abschiebehaft und wenn das nicht funktioniert, dann sollen sie mich einfach töten! Tot sein war auch so ein ständiger Begleiter. Tot sein drängte sich regelmäßig zwischen die Gedanken „nicht sorgen und das schaffst du schon".

Angst vor dem Leben? Lebensangst? Angst vor dem Tod? Todesangst? Es gibt Zeiten, da bleibt beides unerträglich.
Franky Hollyday

Hier fehlt aber ein Stück Erinnerung, weil das Glück nun doch zu groß war. Es war „Kallemalle", die Abschiebehaft. In diesem Haus lag ein merkwürdiger Duft von Menschen und Bohnerwachs in der Luft. Solch eine Mischung vergisst man nie und wenn nach Jahren ein annähernd ähnlicher Duft die Nasenflügel streifen, dreht man sich um und sucht die Verbrecher, die einen auffordern sich nackt auszuziehen, um die Anstaltskleidung überziehen zu müssen. Optisch ist Knast gleich Knast und einer ist wie der andere oder „Kennste einen, kennste alle" und so weiter. Eine Zelle für fünf Politische. Ein Dreierbett, also drei Einzelbetten übereinander und ineinander gefacht eingearbeitet ein Doppelstockbett, rechtwinklig eingeschoben, zeigten Breite und Länge der Zelle an. Das Fenster war von außen mit einem Blech verdeckt und eine Öffnung in den Maßen 15 x 20 cm von innen nach außen stellte die Lüftung dar. Fünf stinkende, furzende, scheißende, pissende und fressende, rauchende Menschen auf kleinstem Raum 24 Stunden täglich und über sieben Wochen permanent zusammen eingepfercht. Nicht zu vergessen, die kleine Zelle hatte auch noch ein Waschbecken, ein Klo und einen kleinen Tisch mit zwei Hocker. Alles für fünf Strafgefangene. Es war Abschiebehaft und wir konnten unter dieser Voraussetzung noch gut und gern 20 Mann oder besser Frau aufnehmen.

Hier gab es vor einem zehnminütigen Freigang mal ein Gespräch, bei dem mir der Wortlaut wie bei den Nazis herausrutschte. Es gab keine Einwände,

Blicke vom Aufseher, die mich nicht treffen konnten. Nichts!

Einmal wurden wir wieder im Einzelnen aus der Zelle geschlossen, ich durfte mein Knastgeld ausgeben, da ich in diesem Land nichts mehr bräuchte. Knastgeld war eine von der DDR erfundene Währung. Die Beträge wurden auf Pappe gedruckt und oft einfach nur mit dem jeweiligen Stempel der Strafvollzugsanstalt legitimiert. Der Einkauf war für mich und meine Leidensgefährten die Bestätigung für die Abschiebung. Ich kaufte von meinem Papiergeld-Dutt Zigaretten, es gab sogar überteuerte Blockschokolade, Tee, Zucker und eine Art Kaffeepulver. Alles Knastgeld musste bis auf den letzten Fetzen Papier ausgegeben werden. Dann musste ich noch ein Formular unterschreiben, dass ich, wenn ich im Westen bin, keinerlei Ansprüche mehr an irgendeine Person oder an das Kommunistenpack habe. Mir wurde erklärt, dass, wenn ich meine beschlagnahmten Sachen haben möchte, dies die Ausreise verzögern oder gar verhindern würde, was ich ja auf gar keinen Fall wollte. Ich musste also nicht lange nachdenken, Meissner Porzellan, Römergläser, Silber, ein Grundstück, was ist dies alles gegen Freiheit. Frei sein und noch dazu einigermaßen gesund, mit allen Gliedmaßen und Sinnen, das ist es mir wert. Also unterschreiben und mit den frisch erworbenen Schätzen zurück in die Zelle.

Den Einkauf konnten die anderen vier Mitgefangenen auch machen, wir hatten alle ziemlich ähnlich eingekauft und dementsprechend große Mengen von allem. Da wir nicht wussten, wann die Abschiebung erfolgen würde, wussten wir auch nicht, wie wir das Erworbene alles einteilen sollten. Mitnehmen durften wir nichts, das hatte man uns gesagt, und wir hatten alle dafür unterschrieben. Was taten wir also? Wir fingen an, alles aufzubrauchen, damit nichts zurückbleibt. Außer? Na, was wohl? Scheiße. Ich erinnere mich gut an diese Zeit, da saßen wir, fünf Menschen wie Ratten eng zusammengepfercht, ohne Frischluft, ohne Freigang. Wir saßen vierundzwanzig Stunden, etwa noch zehn Tage, rauchend, mit Kaffee oder Tee, meist aus lauem warmem Wasser zubereitet und konnten manchmal die Hand vor den Augen nicht erkennen vom vielen Rauch. Vor allem die viele Schokolade machte erhebliche Schwierigkeiten.

Wir spendeten uns gegenseitig Applaus, wenn es einer von uns wieder geschafft hatte, den steinharten Stuhlgang herauszupressen.

Der Freigang in Kallemalle war sehr begrenzt, ich denke, so einmal die Woche oder auch zweimal. In jedem Fall nicht regelmäßig. Dieser Freigang fand in einem Mauerblock statt. Dieser war so groß wie ein halbes DDR-Wohnzimmer. Die Mauern müssen so vier Meter hoch gewesen sein, darüber war Stahlmaschendraht verspannt. Hier drehte die wirkliche politische Elite der verrottenden Zone ein paar Runden, um die Lungen mal wieder mit Frischluft zu versorgen. Elite deshalb, weil wir doch viel politischer waren als die, die sich als solche bezeichneten. In Wirklichkeit waren Stasis, Honecker und das ganze Gesindel Verbrecher. Verkehrte Welt, wir drin und die draußen. Gut jetzt, Franky, weiter.

In Kallemalle ist mir folgendes passiert, es hat sich ganz fest in mein Gedächtnis gebrannt und es hat Jahre angedauert, bis ich dies wenigstens etwas in meinem Hirn überschreiben konnte, um die daraus entstandene PTBS in den Griff zu bekommen.

Nach dem Wachzustand musste es so mitten in der Nacht gewesen sein, als die Zellentür aufging und ich mit einem forschen Stups ins Gesicht zum Aufstehen aufgefordert wurde. Auf meine Frage, wo es hingeht, bekam ich keine Antwort. Dumm von mir, immer wieder diese Frage gestellt zu haben, die eh nie beantwortet wurde. Ein weiterer noch stärkerer Stups gab der Aufforderung noch einmal Nachdruck und ich ging hinaus auf den Flur. Alle Zellentüren sind verschlossen, so stellte ich schnell fest, kein Mitgefangener auf dem Gefängnisflur. Logisch. Knast. Ruhe im Knast, absolute Ruhe. Also war es doch Nacht? Die Uhr unter der Treppe bestätigte mir auf ihrem weißen Zifferblatt mit beiden Zeigern auf der 12 Mitternacht. Mir wurde ein Platz auf dem Flur zugewiesen, auf diesem sollte ich mich ruhig verhalten, mich nicht bewegen und weitere Anweisungen befolgen. Besser, ich befolge die Anweisungen, wurde von einem dazukommenden Aufseher noch einmal wiederholt, was mir zeigte, hier wird wieder ernstgemacht. Was bedeutet ernst? Komme ich in den Westen? Geht das so ab? Keine Ahnung, wie die das machen. Ich wurde doch noch nie abgeschoben. Da stand ich nun, die Uhr lief weiter, Klack für Klack, 0:20 Uhr, 0:45 Uhr, 1:10 Uhr und es kam ein Befehl. Endlich!, dachte ich. Und dann, was? Ich traute meinen Ohren nicht, alles ausziehen. Scheiße, ich dachte sofort an Schikane! Nackt ist immer so eine Sache, da fühlst du dich noch ausgelieferter, wenn Menschen die Macht ausüben, dich, der du nackt bist, begaffen oder Schlimmeres machen. Meine Gedanken kreiselten, es war manchmal wie in einem anderen Universum, was passiert nun, haben die Langeweile oder geht es doch in den Westen? Mir war noch bewusst, dass ich lieber den Anweisungen Folge leisten solle, und ich zog besser doch alles aus. Mein Anwalt vom Anwaltsbüro Vogel, der mich einmal besuchen durfte, hatte mir nachdrücklich gesagt, ich solle den Anweisungen Folge leisten, den Rest mache er dann schon. Was soll mir schon passieren? Abschiebehaft, von hier aus geht's ab in die Freiheit. Dann wieder meine Zweifel … ich denke, dass ich nur noch mit keinem gesprochen habe, der von hier ab ging. Nur Hörensagen. Ach was, dachte ich mir, vielleicht gehts jetzt los und ich komme ins gelobte Land! Freiheit. Schnell die stinkenden Klamotten runter. Ich bin abgemagert, stellte ich fest. Abgelaufene Wurst, Marmelade, altes Brot und Suppen, ohne Liebe zubereitet, machen tatsächlich nicht fett.

Mittlerweile waren sieben Uniformierte auf dem Gang und ich als einziger nackter Gefangener. So ein Ungleichgewicht. Mir verging dann das Lachen, obwohl ich doch eigentlich nicht gelacht habe. Oder? Manchmal wusste ich wirklich nicht mehr, was ich tat, was ich gerade getan hatte oder was mein Instinkt, wir können es auch Reflex oder Intuition nennen, mit mir getan hatte. So ein Wirrwarr in mir. Hier war nichts Gutes im Gange, es war zu spüren. Meine Haare am Körper, die letzten Reste der langen menschlichen Entwicklung vom Sammler zum Jäger, stellten sich auf. Jäger? Ich war doch der Gejagte. Ich muss klar denken und den unerträglichen Gedankenmüll in meinen Kopf ordnen. Es war kalt und unerträglich und das war alles leicht gesagt oder gedacht. Die Zonis scherzten und hatten besonders viel Freude an meinem nackten Körper, an meinem „Unbedeckt sein“ und dem „Ausgeliefert sein“. Ich dachte noch, ob da nicht mal ein Schwuler dabei ist. Nö, Schwule sind nett. Können nur Perverse sein, machtgeile Psychos, die sonst nichts zu melden haben.

Ich hörte immer wieder das Wort Nazi und es wurde auf mich gezeigt. Und nun war sie da, sie war da! Angst. Ich hatte Angst vor diesen Menschen. Es reicht, Männer, ihr habt es geschafft. Wir können aufhören. Ihr habt euren Spaß gehabt, ich kann nichts für mein loses Mundwerk und ihr habt immer recht. Das habe ich nur gedacht, zum Sprechen hatte ich ja keine Anweisung bekommen. Also, es reicht, wir können aufhören, dachte ich noch so. Weit gefehlt.

Die Angelegenheit konnte noch getoppt werden. Ein großer, dicker, verschwitzter, aber freundlich schauender Aufseher löste sich von der Gruppe und kam auf mich zu. Da fällt mir ein, dass man die Aufseher mit Herr anreden musste. „Linksherum und bis ans Ende des Flurs hinter die Treppe“, hieß es aus seinem Maul. Schlechte Zähne kamen zum Vorschein. Was musste das gestunken haben. Wer küsst den? Hoffentlich kommt er mir nicht zu nah, schoss mir durch den Kopf. Mich ekelt Mundgeruch an und ich kann es nicht verbergen. Woran ich manchmal so denke oder gedacht habe, wenn die Situation eigentlich doch andere Gedanken hervorrufen sollte.

Hinter der Treppe, die ich erreichte, war eine offene Zellentür und als ich aufgefordert wurde, hindurchzugehen, sah ich Stufen, mit beigen oder weißen Fliesen, die in einen gefliesten Raum führten. Von den Aufsehern kam sichtlich Freude und Genugtuung rüber, ihnen ging es mit meinem Unbehagen immer besser. Es entstand der Eindruck, dass ich Wortfetzen mitbekommen sollte. So etwas wie „wie lange er aushält, ... wie lange es dauert, ... er wird sehen .... kann schnell gehen und so weiter“. Ein Duschraum, ich stockte, um diese Zeit, allein? Was haben die vor? Da krachte auch schon die Tür hinter mir in den Rahmen und der vertraute Schließmechanismus sagte mir, „eingeschlossen!“. Eine Stimme tönte durch die Tür, „duschen!“ und wieder schloss sich Gelächter an. Meine Nackenhaare stellten sich auf, ich hatte eine Haut, als wären gerade noch Federn darauf gewesen und etwas Kugeliges verschloss mir den Hals. Das Atmen wurde immer schwieriger. Da stand ich nun und dachte an die Menschen, die die Nazischweine bis 45 in den KZs ermordet hatten. Für einen kurzen Augenblick war mir, als sei ich genau in dieser Situation und mir würde jetzt unmittelbar dasselbe widerfahren.

„Duschen!“, kam wieder ein Befehl durch die verschlossene Tür! Ich wagte es nicht, ein Rädchen zu betätigen und nicht zu wissen, was der Kopf dann über mir ausspuckt. Ich wollte die Sache nüchtern betrachten und mich zusammenreißen. Keine Chance, es ging nicht. Wie gelähmt und unfähig zu einer Bewegung oder eine Entscheidung zu fällen, verharrte ich wer weiß wie lange. Die Tür ging auf, eine Flasche, beste DDR-Haarwäsche, flog mit einem nicht ganz sauberen und fremden Handtuch herein und lautes Gelächter begleitete diese Geste. Sie wussten genau, was sie tun, und sie wussten genau, wie es mir ging. Was der Druck, dem wir die ganzen Monate ausgesetzt waren, mit uns machte. Ich war darauf reingefallen. Ein Schlüsselerlebnis, was mich noch viele Jahre im Traum verfolgen oder mir in bestimmten Räumen ein Unbehagen bescheren würde.

Im Übrigen kam warmes Wasser und als ich eingeseift war, war das Duschen beendet. Die Haarwäsche, heute sage ich Shampoo dazu, bildete am Körper einen Film, der stark juckte, sodass ich froh war, als ich endlich tatsächlich duschen durften. Das war allerdings bereits im Westen, im echten Deutschland in Unna, im Massenaufnahmelager. Zu dieser Zeit dachte ich nur: Egal! Ich lebe!

Wo war ich eigentlich, bevor ich mich von hier aus auf den Weg in den goldenen Westen machte? Heute ist es mir bekannt. Es gibt eine Gedenkstätte und im Internet kann auf vielen Seiten und Plattformen alles und von jedem nachgelesen werden. Die Stasi hatte im schönsten Jugendstilviertel der Ostzone, wahrscheinlich sogar von ganz Deutschland, auf einem Areal namens Kaßberg im heutigen Chemnitz, damals Karl-Marx-Stadt, ihr Gefängnis entstehen lassen. Die Anstalt war zur Sammlung der Regimegegner gedacht, die von der BRD, also vom Westen, freigekauft wurden. Auch wenn ich vorab über Ängste schrieb, obwohl es bekannt war, dass von Kallemalle abgeschoben wurde, so liegt es daran, dass die staatliche Willkür dieses DDR-Regimes nie einschätzbar war. Kallemalle war schon im Jahre 1886 ein königlich-sächsisches Gefängnis. Auch die Nazis hatten hier ihre Gräueltaten vollbracht und vor allem jüdische Inhaftierte hingerichtet. Nach 1945 machten die in der Ostzone stationierten Russen ihren Feinden in Kallemalle das Leben zur Hölle und ab 1952 zog das MfS, die Stasi, ein.

Ich war am Trakt B untergebracht, dem „Vogelkäfig". Hier wurden die Oppositionellen untergebracht, die als Nächstes zum Freikauf auf der Liste standen.

Großen Seelen ziehen die Schmerzen nach wie den Bergen die Gewitter. Aber an ihnen brechen sich auch die Wetter, und sie werden zur Wetterscheide der Ebene unter ihnen.
Jean Paul

Strafarbeiten, Arbeit im DDR-Knast

Viele meiner Mitgefangenen, auch weit nach der Knastzeit hinaus, eigentlich bis heute, solange wir leben, haben für alle Vollzugsanstalten einen ganz besonderen unvergesslichen Geruch beschrieben. Es roch wie eine Mischung aus Bohnerwachs und den Gerüchen der vielen Menschen, die sie meist mangels Hygiene so ausscheiden. Besonders die Reinigungsmittel für den Boden, immer Bohnerwachs, manifestierte sich im Gedächtnis und produziert bei ähnlichen Düften bis heute und immer wieder Flashbacks. Außenstehende können es logischerweise nicht nachvollziehen, warum der Betroffene gerade so merkwürdig reagiert. Es ist ein leiser Duft, der den Betroffenen, zum Beispiel mich, immer wieder für einen kurzen Moment ins Überlebens-Ich zurückschmettert. Bohnern war nicht nur eine notwendige Reinigungsmaßnahme, nein, Bohnern wurde auch gern als Strafarbeit eingesetzt. Ich musste mal mit einer Zahnbürste den ganzen Flur einbohnern, die irgendwann zerbrach, sodass ich mit meinen Socken die Arbeit vollendete. Danach durfte ich stundenlang den von mir aufgetragenen Wachs in den Boden „blockern“, bis ein unwirklicher Glanz entstand. Blockern deshalb, weil das Gerät, ein Besenstiel und am unteren Ende ein Filz, welcher mit einem schweren Metallstück beschwert war, Blocker hieß. Mein Glück war, dass noch andere Mitgefangene manchmal Strafarbeiten zu verrichten hatten und wir im Laufe der Tätigkeit immer mehr wurden, sich die Strafe zumindest für uns relativierte und wir einfach gemeinsam sauber machten. Blockern hieß das in der DDR. Heute wird ein Blocker üblicherweise auch als Pop-up-Blocker bezeichnet. Das sind die, die das Anzeigen von Werbefenstern im Browser verhindern. Man könnte demnach auch sagen, dass Blocker im Netz etwas verhindern sollen und nur damals Glanz erzeugen sollten. Wenn ich blockern musste, ging der Schließer mit seinen Stiefeln auf und ab, drehte sich auf der Stelle und hinterließ einen schwarzen Fleck oder Streifen von seinen Gummisohlen auf dem gutpolierten Boden. Diese Stelle wurde oder musste von mir wieder gereinigt, gebohnert und neu poliert, geblockert werden, so ging es oft weiter und weiter. Eine unendlich lange, meist sinnlose Arbeit. Oft sinnlos, da danach alle Trakte aufgeschlossen wurden, um den Strafgefangenen etwas Freigang im Flur oder Hof zu verschaffen. Die Bestraften durften die Arbeit ständig wiederholen. Strafarbeiten wie Toiletten mit der bloßen Hand reinigen, Fliesenfugen mit der eigenen Zahnbürste reinigen oder mit Ölfarbe gestrichene Sockel abwaschen, wurden von den Wärtern gern vergeben. Auch Stiefel und Schuhe der Aufseher wienern und vieles mehr, alles Strafarbeiten, die zur Tagesordnung gehörten. Ich beschrieb hier auch, dass es in Halle Ziegelsteine gab, die auf den Boden geschafft wurden und dann wieder auf den Hof mussten. Alles Arbeiten ohne Sinn und Zweck.

Neben meiner Arbeit als Kartoffelschäler in Halle konnte ich noch weitere Tätigkeiten ausüben. Das war nicht so schlecht, denn dafür gab es manchmal Knastgeld. Die besondere Währung, die nur im DDR-Strafvollzug galt. Man konnte das Geld bei guter Führung auch in einem kleinen Lädchen, die jeder Knast hatte, ausgeben oder sich etwas mitbringen lassen von denen, die sich gut geführt hatten und zum Einkauf durften. So habe ich im Knast Rudolstadt die Kabel für Autoantennen in ihre Gummihülle gezogen. In der U-Haft in Gera durfte ich die Madenschrauben in Lusterklemmen drehen. Dies alles für Tabak und Tee!

Mir ist noch in Erinnerung, dass Häftlinge in der DDR unter Aufsicht von Wärtern, mit geladener Kalaschnikow und Schäferhunden bewacht, im Bergbau knochenharte Arbeiten ausführen mussten. Die Bevölkerung der DDR brachte diesen Menschen nur Verachtung entgegen. Das mag daran gelegen haben, dass der Anblick von Menschen, denen es schlecht geht, einem selbst das Gefühl gibt, dass es einem besser geht, was typisch für DDR-Bürger war. Die Arbeit der Häftlinge, die Zwangsarbeit der politischen Häftlinge waren und sind als eindeutige völkerrechtlich verbotene Zwangsarbeiten einzustufen. DDR-Bürger gingen immer davon aus, dass es sich um Kriminelle handelte. Dass jemand wegen seiner politischen Meinung unberechtigt inhaftiert und schikaniert wurde, kam der Masse an DDR-Zonis nicht in den Sinn. Auch wenn noch heute einschlägige Rechtsvorschriften wie die Übereinkommen der Internationalen Arbeitsorganisation und das Grundgesetz eine Arbeitspflicht für kriminelle Häftlinge vom generellen Verbot der Zwangsarbeit nicht ausschließt, sprechen wir in Art und Weise bei den Arbeitsmaßnahmen im damaligen DDR-Vollzug von Zwangsarbeit. Der Einsatz von Gefangenen, die zum Teil lebensgefährliche Arbeit in der maroden Volkswirtschaft der DDR durchführen mussten, war ein einfaches Mittel, sich auch mal von einem unbeliebten Regimegegner zu trennen. Todesfälle unter Strafgefangenen aufgrund mangelnden Arbeitsschutzes sind nachgewiesen worden.

Zitat: Platons Protagoras
Denn wenn du dir klarmachst, Sokrates, was es eigentlich bedeutet, wenn man die, welche Unrecht tun, bestraft, so ergibt sich für dich doch gerade daraus die Lehre, dass die Menschen der Ansicht sind, man könne die menschliche Tüchtigkeit erwerben. Denn niemand züchtigt den Übeltäter in dem Gedanken und nur deshalb, weil er Unrecht getan hat, es sei denn, dass man unvernünftig, wie ein Tier, einfach Rache übt. Wer aber mit Vernunft züchtigen

will, der straft nicht des begangenen Unrechts wegen (denn das Getane kann er ja doch nicht ungeschehen machen), sondern um des zukünftigen willen, damit dieser selbe Mensch nicht wiederum unrecht tut und auch ein anderer nicht, nachdem er nämlich gesehen hat, wie dieser bestraft wurde. Wer eine solche Überlegung macht, denkt wohl auch, dass die Tüchtigkeit anerzogen werden kann; denn er straft zum Zweck der Abschreckung. Dieser Meinung sind alle, die Strafe verhängen, sowohl im privaten wie auch im öffentlichen Leben …

Je mehr Verfolgung, umso offensichtlicher wird die Wahrheit.
Tolstoi

Mein Traum und das Trauma aus der Ostzone

Jeder Mensch hat Träume, Träume für sein Leben und Träume im Schlaf. Der häufigste Tag- oder Lebenstraum ist der Wunsch nach physischer und psychischer Gesundheit, also der Traum nach einem möglichst langen und gesunden Leben. In der DDR hätte man dies so erklärt: Vorstellung eines Wunsches eines Bürgers als ein sich zu erfüllender Höhepunkt in seinem Leben.

Oder das Determinativkompositum des Substantivs Leben und Traum sowie dem Fugenelement ... oder so ähnlich.

Mein Traum war herangereift und hatte sich zum festen Plan entwickelt. Ich wollt in den „Goldenen Westen“, das „Gelobte Land“, die BRD. Nichts hielt mich mehr in diesem Arbeiter- und Bauernstaat.

Der Preis dieses Traums ist ein lebenslanges Trauma.

Es kommt so einiges zusammen, was auf den Weg von Ost nach West vor dem Mauerfall an Traumen erzeugenden Repressalien zur Verfügung stand. Die beste Resilienz konnte in den meisten Fällen nur einen Totalausfall verhindern. Die Menschen, die all dies erlebt haben, ob kürzer oder länger, viel oder nicht so viel Erlebtes, werden mir zustimmen. Es bleibt einiges in der Psyche hängen und begleitet ein Leben lang.

Traumatisierung konnte äußerst schnell entstehen:

Da ist die Untersuchungshaft, in der Regel verbrachte der Republikflüchtige die ersten sechs bis acht Wochen, manchmal auch länger, in Einzelhaft. Einzelhaft ohne Tageslicht, kein Zeitgefühl, keine menschlichen Kontakte, ohne zu wissen, wie es weitergeht. Es sollte dich zerbrechen, damit du, wenn du dann auf Gemeinschaftszelle kommst, dein Mitteilungsbedürfnis so fließen lässt, dass es so groß ist, dass du alles erzählst und alles schnell loswerden willst. Spitzel gab es auf jeder Zelle. Dann waren da die Transporte, Transporte von Haftanstalt zu Haftanstalt, zu Verhören, Vorführung zu Gerichtsverhandlungen in zu engen dunklen feuchten und kalten oder zu heißen Zellen auf Transporter, Lkws oder in Züge. Immer mit Handschellen, größtenteils mit Knebelkette, kein Essen, kein Trinken und überwiegend nicht wissend, wo es hingeht. Auch die Notdurft war nie möglich, wenn das Bedürfnis da war, sondern erst in allerletzter Instanz oder auch manchmal einfach zu spät.

Psychologischer Druck, das war die am häufigsten angewandte Foltermethode der Stasi.

- Erpressung,
- Gewaltandrohung

- Schlafentzug
- Vorzeigen diverser Gegenstände und Ansprechen von Gewalt
- Vollkommene Isolierung
- Drohungen, Familienangehörige zu bestrafen oder zu involvieren
- Schikanen wie entkleiden müssen, Leibesvisitation
- Erzeugen von Situationen, bei denen man Todesangst bekommt.

Wenn du krank wirst, brauchst du in der Regel eine ärztliche Versorgung. In der U-Haft konnte man sagen, dass man krank ist, dabei blieb es auch. Ein Arzt war nie zu sehen. Im Strafvollzug wurde ich zum Beispiel von einem Häftling versorgt, da ich Quetschungen und Prellungen durch den Schlagstock hatte. Es blieb da bei einer ominösen Salbe und einem Verband. Eine ärztliche Versorgung fand nicht statt. Sollte in der Nacht etwas passieren, so musste man hoffen, dass du es bis zum nächsten Tag durchhalten wirst.

Das stärkste Trauma in sich und ein Widerspruch in sich war die politische Haft. Eigentlich gab es keine politischen Strafgefangenen, da alle durch die Republikflucht kriminalisiert wurden. Trotzdem litten politische Häftlinge besonders unter Benachteiligungen und Schikanen. Wenn nicht eine Strenge oder gar die strengste Stufe des Ostknastes angewandt wurde, so wurden die politischen Häftlinge mit Kriminellen zusammen inhaftiert. Es war für viele ein harter Kampf mit allen Mitteln, um möglichst nicht den Brutalitäten im Gefängnisalltag zu unterliegen.

Sind Diktatoren dumm?
Nur weil …

Ein Dummer findet immer noch einen Dümmeren, der ihn bewundert. Voltaire

Blick ins Gestern, Heute und Morgen

Wahrlich, es gibt auch für das Böse noch eine Zukunft, und der heißeste Süden ist noch nicht entdeckt für den Menschen. Wie manches heißt jetzt schon ärgste Bosheit, was doch nur zwölf Schuhe breit und drei Monate lang ist! Einst aber werden größere Drachen zur Welt kommen.
Friedrich Wilhelm Nietzsche

Es ist mein persönlicher Glaube daran, dass jedes Erlebte und jede Zeit seinen Wert haben wird. Wir leben nur drei Tage, sagt ein chinesisches Sprichwort. Gestern, heute und morgen und nur zwei Tage sind es, über die wir uns keine Sorgen machen brauchen. Zwei Tage, die wir zu jeder Zeit ohne Angst, Sorge und Druck in unserer Fantasie kreieren können oder einfach so lassen können, wie sie waren. Gestern konnte voller Fehler und körperlichem Schmerz sein. Doch gestern ist nicht mehr und wir haben keine Kontrolle über das Gestern. Morgen könnte voller Fehler und körperlichem Schmerz sein. Doch Morgen ist noch nicht und wir haben keine Kontrolle über das Morgen. Das Morgen mit seinen möglichen Gefahren, Lasten, großen Versprechungen und weniger guten Leistungen, das Morgen haben wir nicht unter unserer sofortigen Kontrolle. Keine Tat, die wir getan oder begangen haben, können wir ungeschehen machen. Wir können Worte nicht zurücknehmen, auch gestern ist vorbei. Morgen sind Gefahren möglich, ich könnte Versprechungen machen und weniger gute Leistungen erbringen, es ist erst morgen und dafür gibt es keine Kontrolle, weil morgen noch nicht ist.

Was bleibt uns, um unsere Wünsche, unsere Ziele auch unser Trauma, unsere Bedürfnisse zu bearbeiten und zu bewältigen? Nur das Heute! Jeder kann nur diesen einen Tag bewältigen. Wenn uns das Trauma zusammenbrechen lässt, liegt es daran, dass wir die Last der zwei Ewigkeiten – gestern und morgen – zusammenfügen wollen, und denken, dabei einer Sehnsucht nachzueilen, etwas aus dieser Ewigkeit verändern wollen, zu können.

Gestern waren wir Menschen in Eile und hatten geherrscht, gejagt und Reichtümer angehäuft. Wer uns im Weg stand, der wurde getötet. Wer mehr hatte, wurde ausgeraubt. Wer nichts hatte, wurde versklavt oder unterdrückt. Anders als „Ich"-Mensch, ist minderwertig, musste abgewertet und unterdrückt werden. Gott war der Mensch, Gott ist der Mensch, so lebt er und es scheint kein Irrtum zu sein. Eine Minderheit hatte alles und die Mehrheit gehorcht der Minderheit.

Heute sind wir Menschen in Eile und wollen beherrschen, jagen und Reichtümer anhäufen. Wer uns im Weg steht, der wird getötet. Wer mehr hat, wird ausgeraubt. Wer nichts hat, wird versklavt oder unterdrückt. Anders als „Ich“-Mensch, ist minderwertig, muss abgewertet und unterdrückt werden. Gott war, Gott ist der Mensch, so lebt er und es scheint kein Irrtum zu sein. Eine Minderheit hat alles und die Mehrheit gehorcht der Minderheit.

Morgen sind wir Menschen in Eile und werden beherrschen, jagen und Reichtum anhäufen. Wer uns im Weg stehen wird, der wird getötet. Wer mehr haben wird, der wird ausgeraubt. Wer nichts haben wird, wird versklavt oder unterdrückt. Wer anders als „Ich“-Mensch sein wird, kann nur minderwertig sein. Gotte ist tot, der Mensch wird sterben. Eine Minderheit wird nichts mehr haben und eine Mehrheit frisst sich selbst auf. Es ist nicht die Erfahrung von heute, welche die Menschen vernichten wird. Es ist die Wahrheit über etwas, was im Gestern geschehen ist, was morgen noch immer da sein wird und im Heute aktueller denn je sein wird.

Dazu rückblickend steht für das gedankliche Betrachten des Vergangenen in meinen Erfahrungen und in dem, was täglich berichtet wird, wir alle täglich, ja stündlich in Reportagen und Nachrichten hören können und worauf wir zurückblicken, Folgendes:

Der Rückblick an sich ist der Blick zurück, den Kopf nach hinten drehen und hinter sich schauen, was auch immer das bedeuten kann. Es kann aber auch bedeuten, auf etwas zurückzublicken, was dich, uns, an die Vergangenheit und an Vergangenes erinnert und erinnern lässt. Mein Rückblick steht einerseits für die Neudimensionierungen negativer Erfahrung und der daraus für mich logischen Entwicklung meines Optimismus, des positiven Denkens und der unbedingten Lebensbejahung.

Wir stecken alle ständig voller Erwartungen und haben die Hoffnung, dass unsere Erwartungen in Erfüllung gehen. Wir haben echtes Vertrauen, nur, wenn sich Urvertrauen entwickeln konnte, und glauben dann auch an das Gute. Das ist gut so, sonst würde die suizidale Rate auf der Welt überdimensional stetig steigen.

Leider hat mich mein Leben in einigen Bereichen in Intervallen etwas anderes gelehrt, andere Bilder und Informationen in mein Bewusstsein projiziert, worüber ich in meinem ständigen Optimismus manchmal nachdenke, und ich bin erstaunt, dass ich solch eine kräftige Resilienz in mir trage. Mein Optimismus, mein positives Denken und meine Lebensbejahung sind wohl die Notwendigkeit, um gesund zu bleiben, wie auch immer gesund definiert wird. Zukunftsorientiertes, nützlich positiv Menschliches und gute Aussichten oder gar einen Hoffnungsschimmer, dass sich die Menschheit in ihren vielfältigen Kulturen und Gesellschaften ändert, kann ich leider nur porös und nicht ausreichend, also eigentlich nicht erkennen. Die bekannte interpretierbare Geschichte unserer „Zivilisation“

zeigt, dass es alle Hochkulturen, die es zu einer verträglichen Kultur geschafft hatten und haben und in guten Absichten „zivilisiert“ leben wollten, niemals gab. Diese Gesellschaftsformen mit wirklich scheinbar guten Ansätzen sind bis heute immer dem Untergang geweiht gewesen und es gibt auch sie objektiv gesehen nicht mehr. Letztlich hat sich bis ins 21. Jahrhundert Gewalt, eine Fülle von Diktaturen, Unterdrückung, Diskriminierung, Krieg, Mord, Folter, stetig durchgesetzt. Nur eine Minderheit lebt auf Kosten der Mehrheit der Menschen auf diesem Planeten in einer Art Burgfrieden. Wir Menschen sind von mir, rückblickend betrachtet, eine Horde von Heuchlern, die ihre eigene Lebensgrundlage wissentlich vernichten und dabei äußerst brutal und rücksichtslos vorgehen. Kurz gesagt, ein gesellschaftlicher protrahierter Suizid über Jahrtausende hinweg. Wenn ich „wir“ sage, zähle ich immer mich mit dazu, ich sitze mit im Glashaus und werfe hin und wieder auch mit Steinen. Meine Steine erreichten das Glas seltener und wenn, dann gab es vielleicht einen Kratzer. Andere haben schon Löcher in die Scheiben geworfen und es zieht mächtig durch unser Glashaus.

Bleibe ich bei meinem Rückblick, dann fällt mir auf, dass es kaum Konsequenzen für Machthaber, Politiker, Kriminelle und die großen Entscheider gibt. Umso schlimmer und größer die Gewalt, desto weniger Konsequenzen gibt es. Unter uns Menschen ist es in der Vergangenheit und auch jetzt möglich, zu leben, obwohl gemordet, geraubt, gefoltert oder sogar Kriege geführt wurden und werden. Es macht keinen Unterschied, ob Frauen und Kinder, Alte oder die Schwächsten unter uns verfolgt, misshandelt und getötet werden oder sich Militärs gegenseitig abschlachten, es bleibt ohne Konsequenzen. Ja, ich höre euch Besserwisser schreien, wie doch Mörder, Kriegsverbrecher, Kriminelle, Diebe abgeurteilt werden, wie Schläger ins Gefängnis müssen und auch andere kriminelle Delikte verfolgt werden. Ja? Doch wacht endlich auf, dies geschieht real nur auf der Ebene von Lobbyisten, um Kapital, Macht und wieder Diktatur zu sichern. Das Volk braucht Brot und Spiele, damit Macht aufrechterhalten bleibt. Daran hat sich nichts geändert. Die Welt ist nicht besser geworden. Die Welt als unser Planet ist schwer krank und die Gesellschaften, wir Menschen, sind noch kranker.

Auch habe ich rückblickend keinen Appell an die Menschheit, da wir durch unsere Überbevölkerung des Planeten das Problem täglich verschlimmern. Es gibt Orte, da leben Millionen Menschen auf engstem Raum und essen alles auf, was dieser Planet hergibt. Gedankenlos, rücksichtslos und ohne an die zu denken, die sie selbst massenhaft wieder in diese Welt gebären.

Bekannt ist dies alles und ein Paradoxon noch dazu. Wobei, Paradoxon ist die geschmeichelte Bezeichnung für unser Problem. Wider unserer gewöhnlichen und doch bekannten Meinung, auf unerwarteterweise tun wir alles, handeln zuwider, dass es zuwiderlaufen muss, um festzustellen, dass wir mit dümmlicher Genugtuung den Widerspruch erleben, der zum eigenen Untergang führt. Es ist alles gut analysiert, das Paradoxon der Menschheit ist bestens bekannt, das Verständnis für die Situation ist mehr als mangelhaft, der Widerspruch wird ignoriert und nicht aufgelöst.

„Video meliora proboque, deteriora sequor."
„Lass uns untergehen!"

„Video meliora proboque, deteriora sequor."
„Ich sehe das Bessere und heiße es gut,
dem Schlechteren folge ich."

„Wer glaubt, die vielen bis heute entwickelten politisch-kulturellen, gesellschaftlichen Systeme, Glaubensrichtungen und Gesellschaftsformen für alle Menschen gleich mit Überzeugung oder Gewalt durchsetzen zu können, sollte sich besser auf Ameisen konzentrieren.
Mit Menschen funktioniert dies alles nicht!“

Franky Hollyday